그설미

그설미

김기화 수필집

책을 내며

이것과 저것, 이 길과 저 길.

수많은 선택 앞에서 고민하고 좌절하며 기다리고 또 설레기도 했습니다. 최상의 선택 중 하나가 어떻게든 놓지 않은 공부의 끈이었고 글쓰기였다고 믿었습니다. 하지만, 누군가의 강요가 없는 그것들의 결과가 늘 옳고 완벽하지는 않았습니다.

<풀을 뽑으며>부터 시작하여 <기억은 서로 다른 퍼즐이다>까지.

그동안 써놓은 글들을 꺼내 먼지를 털어 당겼다 밀어놓기를 반복했습니다. 그런데 글을 쓸 때마다 꽃씨를 뿌리고 가꾸는 마음으로 다듬었던 시간이 그 안에 있었습니다. 하마터면, 결과에만 집중하느라 지나온 시간을 놓칠 뻔했습니다. 가늘고 연약하여 더 자라야 할 나의 꽃나무들. 그것은 바로 또 다른 내 모습이기도 했습니다.

수많은 '처음'으로 부족함을 채워봅니다.

만족스럽지 못하지만, 튼튼한 꽃나무를 가꿀 수 있는 거름이 되기를 바라는 마음으로 용기를 냅니다. 글이 맺어준 다양한 인연과 쓰면서 위로받았던 시간은 제게 소중한 선물로 남았습니다. 지금의 분갈이가 꽃을 피우는 적당한 '때'가 되도록 다시 뚜벅뚜벅 소걸음을 걸으려 합니다.

그동안 무언으로 아끼고 응원해준 사랑하는 가족과 지인들께 이 글이 누가 되지 않고 위로가 되며 고마운 마음을 전하는 매개가 되었으면 좋겠습니다.

2016. 늦은 봄날
김 기 화

차례

° 책을 내며 4

1. 봄 ... 해우소 앞에 핀 꽃

봄까지, 봄까치 13 ｜ 그설미 17
아버지의 집 24 ｜ 해우소 앞에 핀 꽃 29
버스 안에서 35 ｜ 그 아저씨가 만든 꽃밭 40
의자 46 ｜ 좀씀바귀 51
느티나무 56 ｜ 동백꽃 그늘에서 60
향을 피우며 65 ｜ 쥐똥나무 69
손님과 도둑사이 74 ｜ 모란장에서 79
삼 85 ｜ 소녀의 꿈 89
엄마와 나비 94

2. 여름 … 계(契) 하나 맺는다면

앉은뱅이책상   101
또 다른 이름   107
때   112
선물   118
외모는 네모다   122
계(契) 하나 맺는다면   126
웃는 꽃   131
거위벌레의 톱질처럼   136
무궁화   142
달   147
목소리   151
2009년 8월, 학의천 십 리 길   156
풀을 뽑으며   162

3. 가을 ... 산을 읽고 책을 오르다

그설미 지나 업더지 169
우렁손톱의 희망이야기 175
식물들의 반란 181
육철낫 186
바퀴 달린 집 192
돌탑 198
산을 읽고 책을 오르다 203
남자의 귀걸이 207
탈 쓰는 여자 212
팽나무 217
해바라기 222
벌레 227
도약을 꿈꾸며 231
무재(無財) 팔자, 횡재(橫財) 팔자 236
다슬기국 241
종이를 접으며 246
깃털 달린 영장류, 까치를 바라보다 251

4. 겨울 … 어느 날 갑자기

어느 날 갑자기 257 ǀ 이정표 263
몽이 269 ǀ 사진 한 장 274
언제 한번 279 ǀ 사라진 한 장 283
오천 원 287 ǀ 06 그리고 · 하나 291
기억은 서로 다른 퍼즐이다 295

˚ 오늘도 산책 한 편 300
˚ 현대인의 향수 303

1. 봄

해우소 앞에 핀 꽃

봄까지, 봄까치 | 그설미 | 아버지의 집 | 해우소 앞에 핀 꽃 | 버스 안에서
그 아저씨가 만든 꽃밭 | 의자 | 좀쓴바귀 | 느티나무 | 동백꽃 그늘에서 | 향을 피우며
쥐똥나무 | 손님과 도둑사이 | 모란장에서 | 삶 | 소녀의 꿈 | 엄마와 나비

해마다 봄이면 개심사에 간다. 작정하고 찾아가지는 않아도 때를 놓쳐 몸이 못 가면 마음으로라도 가는 곳이다. 불심이 깊어서 그런 것도 아니고 어떤 간절한 발원을 위한 것도 아니다. 그것은 터알 자리에 있던 꽃밭과 보물창고 같던 뒤란과 높은 하늘까지도 끌어내리던 맑은 우물을 잃어버린 친정집 대신이다. 이곳에서는 애쓰지 않고도 그 시절의 퇴적된 고요를 꺼내볼 수 있어 좋다.

봄까지, 봄까치

봄이다. 열어둔 창틈으로 들어온 공기가 어제와는 사뭇 다르다. 훈훈한 기운을 발가락이 먼저 알고 쭉 기지개를 켠다. 소리 없는 울림이 몸 안으로 퍼진다. 겨우내 열지 않았던 쪽문을 밀치니 푸른빛이 와락 안겨든다. 지난겨울 때때로 내린 눈과 낙엽 속에 잠자던 풀들이다.

부지런하기로는 '봄까지꽃'이 제일이다. 봄까지는 양지바른 곳이면 어디서나 맨 먼저 보랏빛 꽃잎을 연다. 청보랏빛의 진한 잎맥을 드러내며 무더기로 피어날 때면 음악 소리가 들려오는 것 같다. 봄까지의 향연이다.

해가 저물면 꽃잎들은 시나브로 사라진다. 그러다가 아침 햇살 만나면 다시 제 빛깔을 드러낸다. 다시 피기 시작한 꽃은 어제 진 꽃보다 많아서 점점이 모여 꽃밭으로 변한다. 철쭉 곁에 새 한 마리 손님처럼 날아와 앉으면 그 바람 타고 너울너울 춤까지 춘다.

　자세를 한껏 낮춰 그 빛깔과 음악에 흠뻑 빠져든다. 아무리 봐도 또 다른 이름인 '큰개불알풀꽃'과는 전혀 어울리지 않는 모습이다. 개의 그것을 본 적이 없으니 꽃 모양을 두고 말할 순 없는 일이다. 하지만 작은 새 한 마리의 날갯짓에 흔들릴 정도의 크기인데 왜 큰개불알풀꽃으로 불렸을까 궁금하다.

　그것이 꽃이 진 후 열매의 모양 때문에 붙여진 이름이라는데 꽃이 핀 것은 봤어도 열매를 본 적은 없으니 크기조차 가늠할 수 없다. 알아보니 '큰'이 붙은 이유는 좀 더 작은 모양의 개불알풀꽃도 있어서다. 불리는 것도 큰개불알풀꽃, 봄까치, 봄까지 등 다양하다. 나 또한 작년 봄까지는 봄까치라 불렀다. 그러나 올해부터는 봄까지로 부르기 시작했다. 그것이 제대로 된 이름이라는 설명을 따라 보기로 한 것이다. 하지만 봄까치가 더 정겹다.

　큰개불알풀꽃의 이름이 바뀐 이유는 해학적이어서 토종식물일 거라 여긴 것과 반대다. 일본이름을 그대로 해석한 것인데 이름이 점잖지 못하다 여겨서 달리 불린 이름이 봄까치라는 것이다. 봄까지의 국적을 알 수 있는 부분이다. 그러던 것이 반가운 손님이 오는 것을 알려주는 까치처럼 맨 먼저 땅 위에서 봄소식을 알리기 때문에 봄까치로 불리다가 본래 이름인 봄까지가 맞다고 하기까지 이르렀다.

첫 만남이야 봄까치였지만, 봄까지면 어떻고 큰개불알풀꽃이면 어떨까. 반가운 친구 이름 부르듯 흥겹게 부르고 싶으면 봄까치라 하면 될 것이고 조금 점잔빼고 부를 양이면 봄까지라 하면 될 것이다. 한번 웃고 싶으면 큰개불알풀꽃으로 불러도 좋겠다.

봄까지를 처음 만난 곳은 꽃들엔 대궐이나 다름없을 수목원에서다. 귀부인처럼 화려한 꽃들의 자태를 감상하던 중이었다. 다리가 아파 풀밭 한 귀퉁이에 쭈그리고 앉았는데, 토끼풀 군락 속에 숨바꼭질하듯 봄까지가 몇 개 피어 있었다.

사실, 봄까지는 전국 어디서나 봄이면 흔하게 발견할 수 있는 들꽃이다. 어린 시절 내가 자란 시골 들에도 지천이었다. 그땐, 장미나 국화 같은 것만 아름다운 꽃이라고 여겼던 것이 분명하다. 꽃의 아름다운 기준을 겉으로 드러난 화려함에 두었을 나이이다.

살아가며 많은 것에 잣대를 세워놓고 아름다움을 평가하게 된다. 그런데 언제부터인가 머리가 아닌 가슴으로 이해해야 할 일들이 많아지기 시작했다. 나이가 주는 여유라고 한다면 보고 들은 수많은 것들이 스승인 셈이다.

이젠 보잘것없어 보이지만 작은 풀꽃들이 더 아름답다. 봄까지, 봄맞이, 주름잎꽃, 꽃마리, 벼룩이자리. 이들을 가만히 보고 있으면 마음이 정화된다. 이 봄, 낮은 자리 빛내는 풀꽃들의 아름다운 몸짓에 마음을 뺏긴다. 낮은 곳 빛내는 것이 어디 들꽃뿐일까. 바쁜 걸음 물리고 녀석들의 향연에 관객으로 끼어 앉으면 어느새 내 등에도 날개 하나 돋아나는 것 같다.

2009. 봄

그설미

개울물에 녹아내리는 얼음장이 솜사탕 같다. 그 부드러움에 기척이라도 하듯 주머니 속 손전화기가 파르르 떤다. 봄소식을 알리는 남쪽 친구의 목소리가 들떠 있다. 그곳엔 벌써 꽃도 피었다는 전갈이다. 이곳은 부지런한 생강나무조차도 아직 꽃 필 기미가 없다고 하자 어디냐고 묻는다. 집 근처 동산에 오르는 길이라고 말해놓고 보니 조금 어색하다. 하지만 큰 산으로 연결되는 작은 동산 몇 개 넘고 돌아갈 것이니 틀린 말은 아니다. 그동안은 산에 간다고 했는데 동산이라 해놓고 보니 적적해 보이던 산이 갑자기 친좁게* 지내던 벗처럼 가깝게 느껴진다.

동산이란 말이 참 좋다. 내게 동산은 큰 힘 들이지 않고 올라도 되는 낮은 언덕 같은 산이다. 그런가 하면 누구에게나 꿈과 희망을 선사할 것만 같은 작은 산이기도 하다. 그것은 말 그대로 동쪽에 있는 산이어서 매일 아침 사립문만 열고 나가면 해가 떠오르는 것을 볼 수 있었기 때문이다. 이렇게 동산을 그려볼 수 있는 것은 그설미* 덕분이다.

그설미는 내가 나고 자란 집 가까이에 있는 작은 숲정이*이다. 집 앞의 한길을 건너 짧은 논틀길*을 걸어 들어간 곳에서 시작되는 작은 산을 우리는 그렇게 불렀다. 그설미에서 우리는 송충이도 잡고 솔가리*를 긁어모으고 솔방울을 줍기도 했다. 비 온 다음이면 버섯 따는 할머니를 따라가 빗물 젖은 솔잎 향을 온몸에 적시며 돌아온 적도 있다. 그설미는 쌍둥이처럼 나뉜 몇 개의 낮은 벼랑 따라 주인도 달랐다. 그 산에서 우리는 남의 것인 땔나무를 탐내기도 했다.

조선 솔보다 왜 솔이 많은 그곳엔 황금빛 솔가리가 수북했다. 바삭하게 마른 솔가리와 삭정이는 불도 괄고 연기도 적어서 땔감으로 안성맞춤이다. 나무를 하러 가면 먼저 바닥에 새끼줄을 두 가닥으로 늘어놓은 다음 그 위에 삭정이를 주워와 가위 질러 깔아 놓는다. 그리고 손 갈퀴로 거둬들인 솔가리를 차곡차곡 쌓은 후 나뭇가지를 덮고 새끼줄로 묶는다. 가끔은 긁어모은 솔가리를 비료 부대에 담아 머리에 이고 돌아오기도 했다.

그런데 한 번씩 나뭇단을 제대로 매조지기*도 전에 한길 건너편 마을에서 고함이 들릴 때가 있다. 몰래 하는 나무이니 건

넛마을이 보일 리 없는데도 당연히 이쪽을 향한 눈씨*를 느끼게 마련이다. 그럴 때면 주인이 쫓아오는 것도 아닌데 허둥지둥 대강 묶은 나뭇단을 머리에 이고 집 가까운 옥거리 다리를 놔두고 먼 길을 에돌아 종종걸음을 쳤다. 어떤 날은 맨몸만 집으로 달려간 적도 있었다.

그런 날들의 기억은 대개 세 꼭짓점을 이루며 기억 속에 남아 있다. 나무하다 말고 해거름을 맞은 노을빛에 반해 넋을 놓고 바라보던 나와, 내 산 나무가 축나지 않도록 감시하는 산 주인과 그런 우리를 붉게 물들이던 저물녘 마루*다. 저마다의 시선이 물고 물리는 삼각 꼭짓점 안에서 그설미는 조용히 그 자리를 지킬 뿐이었다.

우리가 동산을 마당처럼 누볐다면 한밤중이면 귀신들이 나와 장난친다는 옥거리 다리 앞은 그설미의 마당이었다. 다리를 지나면 갈림길이 나오고 다랑이 몇 개를 사이에 두고 차가 다니는 도로와 예전 도로가 사이좋게 팔짱을 끼고 있다. 내가 택하는 길은 작은 시내를 끼고 있는 그설미의 마당 같은 옛길이다. 고마리와 여뀌가 지천인 내를 건너면 구불거리는 몇 뼘 되지 않을 논틀길을 껴안은 동산이 엎드려 있다. 동산의 팔뚝 같은 그 길엔 진장풀이 무성하고 옻나무와 뽕나무 버드나무가 뒤섞인 틈을 비집고 아까시나무가 심술부리듯 섞여 있다. 그 호젓한 샛길로 들어갈 때면 나들이 가는 것처럼 기분이 좋아졌다.

동산의 마당 같은 그 길로 들어서거나 나서는 것에 따라 그설미 자락도 꼬리가 되고 머리가 되어서 멀어지거나 다가오거나 했다.

동산 끝에는 삼태기 닮은 바위가 있었다. 커다란 바위 앞부분에는 자로 잰 것 같은 사각형의 패인 자국이 있었다. 패였다기보다는 만들어졌다는 표현이 더 어울릴 만큼 아이들 열댓 명이 서도 될 넓은 크기다. 상상력 풍부한 아이들은 바위틈에 뱀이 득실거린다고도 했고 육이오 때 인민군이 군인들을 세워놓고 죽인 곳이라는 말을 들었다고도 했다. 우리는 설마, 하면서도 그곳을 지날 때면 슬그머니 고개를 돌리곤 했다. 나무를 하러 가도 그 끝자락까지는 절대 가지 않았다. 그설미의 입 같았던 그곳엔 어쩌면 동산을 지키는 수피아*가 살고 있었는지도 모른다.

몇 해 전까지만 해도 장정처럼 메숲지던* 동산이 큰 태풍이 지나간 뒤 갑자기 민둥민둥 대머리 산이 되어버렸다. 소나무가 많았던 그 산은 내 몸에 달고 다니는 그림자와 같았다. 그런데 나이 먹을수록 맘먹고 해를 등지고 서야만 발견하는 그림자와 달리 그설미는 불쑥불쑥 찾아와 마음속에 똬리를 튼다.

얼마 전에 다녀온 찜질방에서 생솔가지 타는 냇내*를 맡는 순간이 그랬다. 생솔이 제 몸 태우며 풀어내는 연기를 눈감고 코로 들이마시며 어린 시절의 작은 동산을 떠올렸다. 산길을 걷다가 수북하게 쌓인 솔가리를 밟게 될 때도 그 작은 산이 먼저 생각나곤 한다. 어쩌면 그설미는 웨일스의 피넌 가루* 못지않은 나만의 상징적 의미가 있는 동산인지도 모른다. 고향을 떠나와서도 보이지 않는 탯줄처럼 남아있는 작은 산. 그 산에서의 경험과 추억들은 지금도 힘들 때 기대는 언덕이 되고 앞으로만 달리다 뒤돌아섰을 때 쉴 수 있는 여유를 안겨준다.

이젠 솔가리 긁고 삭정이 주울 일도 없으며 송충이 잡고 버섯 따러 갈 일은 더더구나 없다. 그런데도 그설미가 내 마음속에서 푸른 솔방울처럼 자꾸자꾸 자란다. 한편으로는 비 온 다음 솔 향을 맡듯 코를 발름거리게도 된다. 그것은 어려서 먹은 음식을 잊지 못하는 입맛처럼 몸에도 마음속에도 자연스럽게 각인된 어린 시절 추억들이 남아 있기 때문일 것이다. 언제부터인가 너럭바위와 바위너설*이 많았던 당산만도 못했던 동산이 내 마음속에 큰 뫼로 자리를 잡고 있었던 것을 깨닫기 시작했다.

가으내 떨어진 갈잎이 사람 발길에 의해 먼지로 피어나는 이른 봄의 오솔길, 참나무 길을 걸으며 솔숲 우거졌던 그 옛날의 그설미를 떠올린다. 자신의 얼굴에 책임질 나이의 다리를 건너고 있으나 그렇게 잘 생기지도 못한 데다 속도 여물지 못하여 아직 도사리* 신세를 벗어나지 못했다. 하지만 누군가에게는 잠든 봄 깨우는 물 같은 부드러운 사람으로 기억되고 싶다.

아니, 기억하고 추억하는 것만으로도 행복한 동산 같은 사람이 된다면 더할 나위 없겠다. 오늘은 함께 자란 피붙이만큼이나 그 작은 산이 애틋하게 그립다.

2012. 봄

친좁게 : 사이가 매우 가까운.
그설미 : 해미면 근교에 있는 작은 동산 이름.
숲정이 : 마을 부근의 숲.
논틀길 : 논두렁 위로 꼬불꼬불하게 난 좁은 길.
솔가리 : 솔잎.
매조지다 : 끝을 단단히 하여 마무리하다.
눈씨 : 쏘아보는 시선의 힘.
마루 : 하늘을 뜻하는 순우리말.
수피아 : 요정의 순우리말.
메숲지다 : 산에 나무가 울창하다.
냇내 : 연기의 냄새.
피넌 가루 : 영국 웨일스 지방에 있는 작은 산으로 영화 <잉글리시맨>에 나옴.
바위너설 : 바위가 삐죽삐죽 내밀어 위험한 곳.
도사리 : 다 익지 못한 채로 떨어진 과실.

ⓒ 호천 조성문

그설미 23

아버지의 집

그곳에 아버지의 집이 있었다.

그곳은 소나무 그늘에 가려 잔디보다는 풀이 더 무성했다. 한낮이나 되어야 울울한 소나무 사이로 나온 햇살이 목말 타듯 아버지 어깨 위에 올라앉아 새들과 재롱떨다 훌쩍 사라지는 곳이었다. 음택은, 산 사람이 사는 집인 양택을 상대로 죽은 사람이 사는 집을 말한다. 주로 술가에서 쓰이는 말이다. 아버지의 집은 눈에 보이는 그대로도 음택이었다.

집에서 가까워 자주 가고 익숙한 길인데도 그곳은 늘 멀고 낯설었다. 어려서는 낮은 산자락 모퉁이를 돌아 산으로 들어서는 길부터 겁을 먹곤 했다. 입구에 버티고 선 상엿집에선 금방이라도 무엇인가 툭 튀어나올 것만 같았다. 울울했던 크고 작은 소나무들은 그곳으로 가는 길을 놓고 나와 숨바꼭질을 했다. 새가슴을 한 채 손에 닿지 않는 소나무가지를 꺾을 때면 내 심장 소리가 온 산에 울려 퍼졌다. 그럴 때면 솔가지를 봉분 앞에 던지듯 놓고 절한 다음 쏜살같이 산에서 내려오기도 했다. 까치발 서면 가지에 손이 닿았던 소나무가 지금은 하늘을 뚫을 기세로 자랐다.

일곱 살, 아무리 늦되었어도 아버지와의 추억 몇 개쯤은 기억할 수 있을 나이인데 생각나는 것이 별로 없다. 아버지는 첫딸인 나를 많이 귀애했다는데 나는 까칠한 아버지의 수염도, 땀내 절은 그분만의 독특한 냄새도 기억하지 못한다. 희미하게나마 기억하는 것이라고는 아버지의 뒷모습뿐이다.

마당에 지게를 받쳐두고, 큰댁 마루 위로 올라서는 아버지의 마르고 단단한 등은 지쳐 보였다. 텃밭으로 나가는 쪽문으로 들어와 빈 지게 위에 올라앉은 저녁 햇살이 슬퍼 보였던 시간이었다. 빛바랜 사진 한 장 찾을 수 없어, 갈갱갈갱하게 생겼다는 전언으로만 가늠해 볼 뿐인 생전 아버지의 뒷모습이다.

마흔 몇 해 만에 아버지를 다시 만났다. 이슬이 채 마르지 않은 이른 아침, 파묘를 알리는 말의 여운이 사라지기도 전에 요란한 소음과 함께 굴착기가 달려들었다. 조심조심 풀을 베고 뽑으며 무너진 흙을 다져주던 아버지의 집이 순식간에 사라졌다.

엄마는 늘 마음 아파했다. 성근 잔디와 그늘진 것이 당신 잘못인 것처럼. 하지만 쌀가루처럼 부드럽게 흘러내리는 고운 빛의 흙을 보며 모두의 마음이 편안해졌다. 흙이 기름진 것 외에도 고울 수 있다는 걸 처음 알았다. 조심스러운 삽질 속에 나무뿌리 몇 가닥 사이로 아버지의 흔적이 보이기 시작했다.

가난한 촌부로 살다 갔으니 껴묻거리 하나 없이 묻힌 아버지다. 그런 아버지의 육신은 이미 포슬포슬한 흙으로 바뀐 지 오래였다. 남은 것이라고는 다리뼈 조금과 머리 그리고 작은 헝겊 한 조각이 눈에 띄었다. 무늬 같기도 하고 글씨 같기도 한 얼룩이 아직도 남아있었다. 작은 직사각형 모양을 한 헝겊은 빛이 바래는데 더 많은 시간이 필요한 부적일지도 몰랐다. 아니면 어떤 염원이나 위로처럼 넣어준 일종의 껴묻거리였을까. 곱게 삭아가고 있는 조각의 위치를 보아 가슴께쯤이 분명했다. 생전 아버지의 흐릿한 뒷모습만 기억하던 내게 나타난 아버지의 앞모습을 가늠해보았다.

함부로 손을 대면 안 된다는 지관의 말에 따라 저어하기를 몇 해, 윤달이 든 올해 드디어 결심을 굳히게 되었다. 막상 파묘 의식을 치르고 나니 염려했던 것과 달리 편안하고 홀가분하다는 느낌이 들었다. 늘 그늘져서 잔디가 제대로 살지 못하는 것을 죄지은 것처럼 여기던 엄마의 마음을 위로라도 하듯 겉보기와 달리 무덤 속 세상은 편안하기 그지없어 보였다. 작업하는 분의 "흙이 참 좋다."는 말에 들여다본 흙빛, 어쩌면 그것이 아버지의 낯빛이 아닐까 생각되었다. 젊은 아버지의 양분을 먹고 자랐을 참나무와 아까시나무의 굵은 뿌리들도 싱싱했다.

 온갖 상념 속에 숨죽이고 지켜본 수습과정이 끝났다. 전날 밤 엄마가 손수 한지로 만든 상자에 아버지를 모셔 미리 보아 두었던 양지바른 산 능선으로 향했다. 찰밥과 함께 하늘이 훤히 보이는 곳에 흩뿌렸다. 이제야 여행다운 여행을 떠나시라는 염원을 담아. 작은아버지는 형님이 훨훨 날며 세상 구경 잘하라고 미리 준비해온 노잣돈을 섞어 뿌렸다. 어디선가 산까치의 울음소리가 들려왔다. 아침에는 안개로 자욱했던 산길이 잘 마른 빨래처럼 밟을 때마다 바삭거렸다. 평토작업을 마친 자리로 돌아와 준비해 간 작은 소나무 한 그루를 심었다.

 그렇게 아버지의 집은 사라졌다. 어릴 때 본 아버지의 뒷모습, 흙으로 돌아가는 중인 아버지의 앞모습 그리고 공중으로 사라진 아버지에 대한 기억만이 남았다. 아버지가 계신 곳을 집이라고 여긴 적이 있다. 아니 아버지의 집이라고 생각해왔다. 우거진 솔숲이 무서워 곱송그리면서도 다소곳한 모습으로 그 앞에 서서 절도 하고 힘들 때는 천진하게 아버지에게만 속말을 해본 적도 많다. 그 집이 사라진 날, 그것은 집이 아닌 무덤일 뿐이었다는 것을 깨달았다. 빈집 앞에 서니 어쩌면 산소는 산 사람들의 마음 빚을 갚는 일이며 욕심이라는 생각이 들었다.

 좋은 자리를 택해 무덤을 만들고 모시는 것도, 해마다 무성하게 자란 풀을 깎으며 예를 갖추는 것도 사실은 조상을 위한 것이 아니라 나 자신을 위한 것이 아니었을까. 가신 분을 추억하고 희미한 추억이라도 붙잡고 이야기를 듣고 위안을 받기 위해 찾아가 내가 효도라는 것을 조금이라도 하고 있다고 여기고 싶은 욕심이 아니었을까.

천상병 시인은 이 세상 떠나는 것을 소풍 나왔다 돌아가는 것이라고 했다. 세상에 발 딛고 사는 일도 녹록지 않았던 아버지는 이제야 소풍을 마친 셈이다. 그것도 이 세상 떠난 지 반세기 만에. 어느 시인은 모란꽃 피는 그믐밤에 숨을 거두고 싶다고 했는데 아버지는 엄동설한의 끄트머리 이월 그믐밤에 돌아가셨고 마흔 몇 해 만에 모란꽃 피는 오월에 한줌 흙으로 이승을 떠났다.

의식을 마치고 천천히 산에서 내려오는 길, 뒤돌아서서 사라진 아버지의 집과 나무와 하늘을 번갈아 올려다봤다. 일곱 살 내 기억 속에서 멈춘 생전의 젊은 아버지 쉬었던 자리에 작은 소나무 한 그루 뿌리 내릴 준비를 하고 있다. 오래전 지게에 얹혔던 햇살이 오늘은 말랐지만 단단했던 아버지의 등 같은 소나무 가지에 매달려 웃고 있다.

2013. 봄

해우소 앞에 핀 꽃

어버이날을 며칠 앞두고 개심사엘 다녀왔다. 엄마께는 활짝 피었을 겹벚꽃의 아름다움을 보여드리겠다고 했지만, 그것은 핑계였다. 정작 가고 싶어한 것은 나였으므로. 그날은 마음을 제쳐놓고 눈이 먼저 호강했다. 흐드러진 겹벚꽃 뭉치가 산사를 휘감고 있었기 때문이다. 범종루와 심검당 부엌으로 이르는 샛길을 지나 해탈문 옆으로 들어섰다. 먼 길 마다치 않고 보러 온다는 청벚꽃은 명부전 처마 밑까지 파고들어 그 도도한 색이 도드라져 보였다. 상왕산 자락을 휘감고 가는 봄을 한껏 밝히는 겹벚꽃들의 향연이다. 무량수각과 심검당, 대웅보전의 수수함 덕분에 꽃들이 더 빛나는 절이다.

개심사는 초등학교 때 단골 소풍 장소였다. 뒤틀린 고목이 되어버린 벚나무 한 그루 서 있는 자리, 그때는 흙으로 덮인 완만한 둑이었다. 나무 앞에 서서 타임머신 스위치 누르듯 눈을 감고 그 시절로 돌아간다. 친구들은 둑 위로 올라가 늘어진 꽃가지 잡고 사진 찍느라 부산을 떨었다. 선생님은 우리에게 이 절의 역사에 대해 분명히 말씀하셨겠지만 내게는 화사한 봄 햇살과 분홍 꽃송이 그리고 먼지 날리던 삼화목장 길을 걷던 기억뿐이다. 그런데도 이곳을 다녀가기만 하면 친정 나들이에 마침표를 찍는 것처럼 편안해진다.

심검당 옆을 돌아 해우소로 가는 길, 오래된 건물이라 지붕 슬레이트가 낡아서 떨어진 곳이 있다. 어릴 적 고향 집에도 고만한 건물이 대문을 나서면 바로 있었다. 문을 나서면 돼지 집이 있고 다음은 창고 겸 잿간, 그리고 마지막 칸은 뒷간으로 쓰였다. 회색빛 슬레이트 지붕 뒤로 나란히 서 있던 은행나무 두 그루, 뽑혀가지 않았다면 지금 해우소 곁에 선 나무만큼의 우듬지를 자랑하고 있을 것이다. 딱 그만큼의 크기인 이곳 해우소가 그래서 낯이 익다.

은행나무에 눈길을 주고 있는데 서울 어느 절에서 왔다는 보살의 얼굴이 사색이 되어 해우소에서 나온다. 근심을 풀어버리고 나오기는커녕 혹 때려다 하나 더 붙이고 나오는 것 같다. 밑으로 빠질까 봐 칸막이로 세워 놓은 나무를 어찌나 꽉 잡았던지 등에 땀이 다 났다고 한다. 줄 섰던 일행 둘이 한 발씩 뒤로 물러선다. 그 틈에 급했던 내가 먼저 성큼성큼 안으로 들어선다. 이왕이면 재도 뿌리고 낙엽도 덮어 놓는 여유를 부려

해우소 앞에 핀 꽃 31

보리라 생각한다. 하지만 들어서자마자 후들거리는 두 다리 지탱하느라 좀 전에 부려본 호기는 간 곳 없다. 낡은 발판을 보수하느라 덧댄 판자를 밟을 때마다 바닥이 바닷물처럼 출렁이니 행여 부러지기라도 하면 저 아래 근심 덩어리 속으로 처박힐 것은 자명한 일이다.

벌게진 얼굴로 문을 박차듯 밀고 나오니 해우소 앞의 겹벚꽃이 배시시 웃고 있다. 육체가 지녔던 근심 자락 털고 나온 이를 반겨주는 꽃 빛이 그늘 속에서 유난히 맑다. 바람처럼 몰려와 그 중 몇몇이 버리고 갔을 근심 덩어리들의 풀린 끝처럼. 그 끝자락에 뒷간에서 퍼낸 거름 먹고 피어났던 참깨 꽃이 따라 나온다.

어린 시절, 참깨밭에 거름을 나르는 일은 정말 하기 싫은 일 중 하나였지만 피할 수 없는 일이었다. 우리는 몸에 튈세라 거름통을 조심조심 밭고랑으로 옮겨다 놓았지만, 엄마는 몸이 아닌 참깻잎에 묻지 않도록 조심했다. 조금이라도 잎에 닿으면 타버린다고 했는데 뿌리는 그 거름을 먹고 나서 비가 온 뒤 죽순처럼 자랐다. 그리고는 푸른 잎과 줄기 사이 층층이 연분홍 종 같은 꽃들을 매달기 시작했다. 아침마다 아기 피부처럼 보송보송한 솜털 세운 꽃을 피워내는 힘은 거름에 있었다. 그러니 그때 내 몸, 아니 우리 몸에서 나온 더럽다 여겼던 것들 속엔 아름다운 싹이 숨어있었던 셈이다.

그것들이 흙으로 돌아가면 금덩어리로 변했던 시절엔 사람 것, 가축 것 할 것 없이 용도에 맞게 거름으로 만들어 썼다. 그래서 옛날 농부들은 '황금'이라 불렀다고 한다. 그런데 흙으로 돌아가지 못하는 지금은 쓸데없는 것들로 인해 속이 답답하여 생긴 근심 덩어리라 불린다. 이렇게 뱃속에 쌓인 근심을 버리고 가는 곳을 '해우소'라며 처음으로 팻말을 내건 분은 경봉 스님이다. 통도사에서 평생을 보낸 스님이 보기에 세속인들이 몸속에 쌓인 근심들을 버리고 가는 것 또한 도를 닦는 일이라 여겼던 것이다.

나중에 개심사 주지 스님 말씀을 들으니 오래되어 외려 근심을 만드는 이곳이 곧 수리에 들어갈 모양이다. 그래도 본래의 모습은 살려서 정랑보다는 여전히 해우소라는 팻말이 어울리는 뒷간이 되어준다면 좋겠다. 그것은 나를 돌아보는 또 하나의 법당이길 바라는 마음이며 이제는 사라진 우리 집 뒷간의 모습을 여기서나마 볼 수 있다는 지극히 개인적인 욕심일 수도 있겠다.

해마다 봄이면 개심사에 간다. 작정하고 찾아가지는 않아도 때를 놓쳐 몸이 못 가면 마음으로라도 가는 곳이다. 불심이 깊어서 그런 것도 아니고 어떤 간절한 발원을 위한 것도 아니다. 그것은 텃앝 자리에 있던 꽃밭과 보물창고 같던 뒤란과 높은 하늘까지도 끌어내리던 맑은 우물을 잃어버린 친정집 대신이다. 이곳에서는 애쓰지 않고도 그 시절의 퇴적된 고요를 꺼내 볼 수 있어 좋다.

 심검당 부엌문을 밀고 들어서면 삼태기에 고무래로 재 퍼 담는 건강한 엄마를 볼 수 있을 것도 같고, 해우소 앞에 가면 나무 위에서 목청껏 노래 부르다 뒷간으로 빠졌던 벚꽃 닮은 개구쟁이 동생이 앉아 있을 것도 같다. 산사와 속세의 경계가 따로 정해진 것은 아니나 이곳에 와서 만나는 해우소는 그 경계의 언저리에 있는 외나무다리 같다. 그러나 결코 흔들리거나 건너기에 두렵지 않은 다리다. 그것은 봄이 되면 가장 늦게 피면서도 어느 꽃보다 은은한 빛으로 피는 겹벚꽃 덕분이다. 꽃대궐 같은 경내를 한 바퀴 돌고 내려와 저수지 모퉁이를 돌아설 때면 뭉쳐있던 것들이 봇물처럼 터져 나와 제 자리를 찾아간 듯 비로소 가슴속도 꽃처럼 환해진다.

2010. 봄

버스 안에서

　BMW, 내가 아끼고 좋아하는 차다. 버스(bus)와 지하철(metro)과 걷기(walk)를 합치니 비싼 외제차 이름이 되었다. 그중에서도 나는 B를 사랑하고 자주 이용한다. 이용을 넘어 애용하는 편에 속한다. 겁 많은 내가 긴장하며 운전할 일 없으니 편하고 창밖 풍경을 보는 재미 또한 쏠쏠하다. 토큰이나 버스표를 사야 하는 불편함 사라진 지 오래고 교통카드가 있으니 현금 없어 낭패 볼 일도 없다. 또 뚜벅이인 내게 환승은 선물 같은 제도다.

　내릴 때 벨을 눌러야 하는데 어디쯤 있는지 몰라 쩔쩔매던 때도 있었지만, 지금은 고개만 돌려 손만 내밀면 되도록 벨이 여기저기 매미처럼 붙어있다. 옛날처럼 쭈뼛거리지 않고 당당하게 올라타 카드리더기에 내 존재를 알리고 예약이라도 해 둔 것처럼 빈자리를 찾아가 앉는다.

　가끔은 긴 시간 타게 될 때를 은근히 기다리기도 한다. 버스 안에서 쌓인 메시지를 읽고 답을 보내고 장 볼 품목을 적는다. 약속 날짜나 집안 행사를 확인하기도 하고 문득 떠오르는 생각들을 메모장에 적바림하는 일도 버스 안에서 자주 하는 일이다. 궁금했던 것들을 검색해보기도 하고 가끔은 공부도 한다. 때에 따라 달콤한 쪽잠을 즐기기도 한다. 그래서 나에게 버스는 이동하는 개인 서재와 같다.

 하지만 버스 안에서 지켜야 할 나 자신과의 약속도 있다. 가능하면 통화를 자제하는 것이다. 오는 전화야 어쩔 수 없이 받아도 거는 전화는 삼간다는 약속은 내겐 어떤 철칙 같은 것이다. 아무리 작게 말을 한다 해도 주변 사람들에게 들리지 않을 리 없고 단편적이나마 내 사생활을 드러내고 싶지 않은 이유도 있다. 다른 사람들도 나와 별반 다르지 않으리라는 생각이지만, 타인의 삶을 상상하게 되는 일들이 왕왕 생기기도 한다.

 그녀의 목소리가 내 뒤통수에 부딪혀 메아리처럼 퍼진 지 십 분이 넘었다. 부러워할 만한 씩씩한 목소리라고 생각했는데 점점 천둥 같은 소음으로 들리기 시작했다. 그녀의 통화가 짧았다면 시원시원한 목소리가 두고두고 부러웠을지도 모를 성량이었다. 저녁에 청국장을 끓이고 있는 재료 넣어서 김밥을 싸 먹자는 이야기로 보아 남편인 것 같았다. '할까?' '말까?'로 중언부언하더니 다시 '하자!'로 시간은 7시로 정하는 과정을 중계하듯 통화하는 그녀의 큰 목소리가 서서히 귀에 거슬리기 시작했다.

　나만 그런 것은 아닌 듯 앞쪽에 서 있는 승객들도 흘끔흘끔 뒤를 돌아보기 시작했다. 나는 들고 있던 휴대전화를 가방에 넣고 양손을 무릎에 올린 다음 창밖으로 시선을 뒀다. 여남은 개의 정류장을 지날 때까지 바로 내 뒤에 앉은 그녀는 통화를 멈추지 않았다. 드디어 끝났나 싶었는데 이번에는 아들이었다. 아픈 이는 어떤지, 통증이 얼마나 심한지를 묻고 월요일에 병원에 가보자고 했다. 그리고는 친구 집에 가서 놀겠다는 아들과 팽팽한 기 싸움을 하다가 엄마가 져 주고도 통화는 한참 더 이어졌다. 저녁에 먹을 김밥 이야기를 반복하고 30분 후면 집에 도착할 것 같다는 말을 끝으로 그녀의 중계가 끝났다. 그런데 그녀의 목소리가 크면 클수록 버스 안의 승객들은 더 조용해졌다.

　한번은 전화를 매개로 버스 안이 동네 사랑방이 되는 것을 본 적도 있다. 시외를 끼고도는 버스를 이용할 때의 일이다. 비슷한 모양의 파마를 한 할머니 몇 분과 노인 부부가 탔다. 할머니는 거동이 불편한 할아버지를 앞에 앉히고 당신은 그 뒤에 앉으셨다. 버스가 시내로 접어들자 할머니의 전화가 울리기 시작했다. 할머니는 요즘 유행하는 <내 나이가 어때서>가 거의 끝날 무렵에 가방 속에서 전화기를 찾아 꺼냈다. 할머니의 목소리가 '도'에서 시작해 '파'를 지나 점점 높아지더니 갑자기 멈쳤다. 창밖을 두리번거리다가 '기사 양반'을 부르더니 여기가 어디냐고 물었다. 하지만 다른 할머니들이 주고받는 말소리에 묻혀 잘 들리지 않았다. 할머니가 이번에는 버스 안을 둘러보며 조용히들 해보라고 언성을 높였다. 할머니 목소리에 갑자기 버스 안이 잠잠해졌다.

통화가 끝나자 조용했던 할머니들의 관심이 노부부에게 모였다. 나이는 몇이며 어딜 가는 중이고 자녀는 몇인지 등의 질문이 꼬리를 이었고 간간이 할머니들의 이야기까지 쏟아져 버스 안은 '솔'음이 콩 튀듯 난무했다. 서로 같은 이야기를 하다가도 갑자기 엉뚱한 말을 꺼내기도 하고 혼잣말을 하는가 싶은데 부메랑처럼 다시 무대로 돌아왔다. 할머니들의 대화는 끊어지지도 않고 막히지도 않았다. 구성지면서도 흥에 겨운 이야기들은 마치 골목길을 누비듯 돌고 돌았다. 맨 뒤에 앉았던 나는 전화 한 통화로 시작된 미로 같은 할머니들의 이야기에 푹 빠져들었다. 그날 어르신들의 목소리는 버스에서 내리고도 한참을 따라왔다.

버스를 타며 꺼냈던 책을 한 페이지도 못 보고 내렸지만 그날의 잔상이 떠오를 때마다 입꼬리가 올라간다. 하지만, 버스 안에서의 통화는 인상을 찌푸리게도 한다. 그래서 대중교통을 이용할 때는 급한 용무가 아니라면 통화를 자제하거나 꼭 해야 한다면 작은 소리로 간단하게 끝냈으면 좋겠다. 목소리가 크긴

했어도 일상적인 대화라면 잠깐은 언짢았어도 웃고 넘어갈 수 있다. 하지만 상대방과 언성을 높이며 신경전을 벌이는 경우에는 내 일도 아닌데 심장이 뛰고 좌불안석이 된다. 비단 나만 그런 것은 아닐 것이다.

그래도 버스를 타는 일은 이래저래 즐겁고 설레는 일이 더 많다. 오늘도 새로운 목적지를 찾아가기 위해 휴대전화에 저장된 버스 앱을 찾아 켠다. 먼저 노선과 소요시간을 확인하고 정류장 도착 시각에 맞춰 집을 나선다. 한 시간 이상은 타야 하니 틈틈이 하는 바깥 구경은 덤이고 명상도 해볼 만하다. 내가 B를 가장 좋아하는 이유다. 그래서 BMW를 오래 즐기며 타기 위한 나만의 심신 운동법에 오래전 버스회사 구호를 내건다.

'닦고 조이고 기름 치자!'

2015년 봄

그 아저씨가 만든 꽃밭

"어이구, 그렇게 지피 파먼 된다나?"

농로를 지나가던 이웃집 아저씨가 들고 있던 삽자루 집어던 지듯 한마디 했다. 가던 길을 돌려 아예 밭으로 들어온 아저씨는 구덩이에서 눈길을 떼지 않고 묘목처럼 붙박여 섰다. 그리고는 장기 훈수 두듯 삽질 서툰 남편에게 슬쩍슬쩍 한마디씩 던졌다.

지난해까지 벼농사를 짓던 이곳은 논이었다. 하지만 추수를 끝으로 여섯 트럭의 굵은 모래흙을 쏟아붓고 밭으로 바뀌었다. 산 흙으로 다져진 그 땅에 봄이 되니 나무를 심기도 전에 풀들이 먼저 돋았다. 밭 가장자리에 주름잎, 씀바귀, 쑥, 미나리가 돋아났고 옆집 논둑을 타고 봄까치도 영역을 넓혔다. 그 중 제일은 작년에 아저씨가 자신도 모르게 너른 둑길을 꽃밭으로 만들어놨을 때 지천으로 피었던 봄까치꽃이다.

봄까치꽃 사태가 났었던 건 지난해 봄의 일이다. 그해 봄꽃들은 러너들이 한꺼번에 달려 나오는 마라톤 대회 같았다. 예제서 소리 없이 터지는 꽃봉오리가 서로를 응원하는 함성처럼 들리는 계절이었다. 해일처럼 몰려온 꽃 앞에서 허둥대는 사이 시샘하듯 비가 내렸다. 낙화를 걱정할 만큼 밤새 세찬 비바람이 불더니 시골 가는 다음 날은 멀쩡해졌다.

청명을 앞둔 시골 공기는 사람을 밖으로 불러내는 힘이 있다. 은은한 매화 향이 마당 안에 가득하니 나무 아래 새싹들까지 고매한 대열에 서는 것 같은 봄 한철이었다. 하얀 매화나무 아래로 노란 수선화와 분홍 지면패랭이꽃이 좁은 마당에 가득했다. 환한 빛과 은은한 향에서 벗어나질 못하여 뜰을 서성였다. 하지만 논틀길이나 밭틀길에 핀 들꽃도 그것 못지않은 매력이 있어 멀리 밭둑도 바라다보게 된다.

옹기종기 모여 동네를 이루고 있는 봄까치꽃을 찾는 일이 나물 캐는 재미 못지않아 해마다 꽃을 봤던 곳으로 발길을 재촉했다. 그런데 그해에는 그럴 필요가 없었다. 발품 들여 찾지 않아도 마당에서 훤히 보일 만큼 가까운 곳에 보랏빛 융단을 깔아놓고 있었다.

그 길은 오래전에는 겨우 사람 하나 지나갈 만한 밭틀길이었다. 여름에 보리가 익어갈 땐 드문드문 삐져나온 깜부기에 옷 버릴까 봐 다른 길로 피해 다녔던 좁은 길이다. 그런데 지금은 오토바이가 지나가고 경운기가 오가고 가끔은 트랙터와 트럭까지 가고 온다. 여러 집 논밭을 묶어 농사짓는 사람들은 기계를 이용하니 길을 넓혀야만 일을 수월하게 해낼 수 있다.

길이 넓어지면서 신이 난 것은 들풀이다. 질경이는 기본이고 냉이와 민들레에 씀바귀와 쑥까지 세를 불렸다. 망초에 피, 바랭이까지 가세해 온갖 풀들이 한창 자랄 때는 베고 뒤돌아서기 무섭게 다시 일어선다. 그렇다고 뒷짐 지고 외면하면 농사짓는 사람이 게으르다고 흉을 잡히니 풀과의 전쟁이 따로 없다. 무성하게 자란 풀베기에 속을 썩였던 이웃집 아저씨가 어느 날 트랙터로 길을 갈아엎었다. 한동안 풀들은 키를 높이지 못한 채 가을을 넘겼고 봄이 되자 그 자리에 부지런한 봄까치가 먼저 일어나기 시작했다. 이웃들은 어디 갈아엎을 데가 없어 길을 밭 갈 듯했느냐고 한마디씩 했다지만, 나는 봄까치 꽃밭을 만든 그 아저씨가 고마웠다.

칠순을 눈앞에 둔 아저씨는 같은 뜸에 사는 이웃이라 어려서부터 자주 보고 자랐다. 하지만 술을 좋아하는 데다 가끔 욱기까지 내비쳐 조심스러웠던 분이기도 했다. 술기운에 운전대 잡기를 여러 번, 결국은 음주운전으로 삼진 아웃을 당해 주인 잃은 트럭이 농로 한편에서 흙먼지만 부옇게 뒤집어쓰고 서 있기도 했다. 잔칫집, 상갓집이 생기면 그 집 술은 다 내 것이라도 되듯 자리 지키고 앉아 있으니 아줌마의 속병은 더 깊어만

갔다. 아줌마에게 당뇨가 오고 합병증으로 서서히 눈에 이상이 오면서 귀도 잘 안 들리게 되고 허리까지 굽어가도 아저씨는 개의치 않는 것 같았다.

그러던 아저씨가 순해진 것은 아이러니하게도 술 때문이었다. 아저씨는 알코올성 치매라는 진단을 받고 가족들의 관심 아래 술을 끊고 약을 먹기 시작하면서 순한 양처럼 변해갔다. 아줌마 앞에서 늘 큰소리를 달고 살던 분이 엄마 치마꼬리에 매달린 유치원생처럼, 고비늙어 등 굽은 아내 뒤만 따라다니기 시작했다. 평생 몸에 익은 일은 잊지 않아 아줌마가 시키는 대로 논을 갈고 풀을 뽑고 경운기에 짐을 실어 나르고 자잘한 밭일까지 함께 해냈다.

그해 가을. 막 만든 따끈한 음식을 들고 찾아간 달 밝은 밤이었다. 개가 아무리 짖어도 못 알아듣는 아줌마를 대신해 아저씨가 대문을 열어줬다. 방으로 들어가니 커다란 상위에 콩을 쏟아놓고 겸상하여 버릴 것을 고르고 있었다. 낮에 수확해서 모아둔 콩 속에서 티끌과 벌레 먹은 것을 골라내고 있는 아저씨의 모습이 받아쓰기하는 초등학생처럼 다소곳했다. 낯설었다. 그렇게 아저씨는 아줌마의 말 잘 듣는 착한 학생으로 변해갔다.

평생 농사일에 단련되어 대살이던 아저씨였지만 시나브로 말라 최근에는 눈에 띄게 깨깨해졌다. 아줌마는 늙마에 들어서야 술 먹는 아저씨 걱정에서 놓여난 것처럼 보였지만 한편으로는 우물가에 놓아둔 아이처럼 눈에서 보이지 않으면 불안한 기색도 내비친다. 하지만 더 심해지지 않는 아줌마의 병세와 진격을 멈춘 것 같은 아저씨의 치매 증세는 이웃들에게 봄꽃 소식만큼 반가운 일이다.

　틈틈이 논밭 일을 돕던 아들도 직장 잡아 떠나고 이제 자식 대신 병을 끌어안고 사는 부부는 일을 많이 놓았다. 나무를 심기 위해 구덩이를 파던 작은 우리 논도 아저씨가 몇 해 동안 농사짓던 땅 중 하나다. 그래도 두 분은 여전히 쉬지 않고 시곗바늘처럼 붙어 다니며 일을 한다. 그날도 부부의 일터는 우리 집 앞에 있는 밭이었다. 부부가 미동도 없이 석고상처럼 밭두둑에 마주 앉아 시금치를 뜯고 있고 손만 바쁜 부부의 등을 봄볕이 껴안고 있었다. 밭틀길에 펼쳐진 꽃밭에도 봄 햇살이 내려앉았다.

　오십 미터도 채 안 될 그 길에 보랏빛 세상을 만든 꽃들도 작은 꽃잎을 활짝 열었다. 매화나무 곁에 서서 살랑거리는 봄까치꽃들의 군무와 부부의 뒷모습을 보고 있으니 한 폭의 그림 앞에 선 것처럼 가슴이 두근거렸다. 점심 먹으러 가는 길에 부러 우리 집에 들어와 "파 좀 뽑아가."라며 빙그레 웃던 아저씨. 조금씩 기억을 잃고 있는 분 같지 않았다. 웃음에도 색깔이 있다면 그날 아저씨의 미소는 봄까치꽃 닮은 은은한 보랏빛이었을 것이다.

자신이 꽃밭을 만들었다는 것을 모르는 아저씨가 봄까치꽃 위에 서서 구덩이 파는 일을 말로 거들고 있다. 아무리 겉볼안이라지만 어쩌면 그분은 보기와 달리 가슴속에 들꽃 같은 마음 밭을 갈고 있었던 건 아니었을까. 저 넓은 둑길을 트랙터로 갈아엎었듯 자신의 인생도 한 번쯤 흙처럼 뒤집어보고 싶었는지도 모른다.

2014. 봄

의자

　우리 동네에 허름한 담배 가게가 하나 있다. 아니 있었다. 오래전 문을 닫은 가게지만 빛바랜 간판만은 여전히 영업 중이다. 외벽은 드문드문 칠이 벗겨졌고 길 쪽으로는 작은 쪽창이 붙어있었다. 아마 손님과 주인이 말을 섞고 돈과 담배를 주고받았던 창구였을 것이다. 바람막이로 덧댄 판자에도 세로로 난 빗금이 무수한 거로 보아 오랫동안 손을 보지 않은 것 같았다.
　처음 이 가게를 본 것은 버스 안에서였다. 아파트단지와 주택, 성업 중인 대형 상점 사이에 섬처럼 불편하게 떠 있는 그런 집이었다. 가게 앞을 수없이 지나다녔어도 못 봤던 것을 어느 날 집에 돌아오는 버스에 앉아 있다가 무심코 내려다보게 되었다. 그 낯선 모습이 내 시선을 빨아들였다. 달리는 버스에서 몸을 돌려보니 문 앞에 의자 하나가 달랑 놓여있었다.
　며칠 뒤 볼일 보러 가는 길에 일부러 가게 앞으로 지나갔다.

가까이서 보니 생각보다 허름하여 마치 폐가 같았다. 문 앞에 놓여있는 의자도 비닐 방석이 찢어지고 색까지 바래 제 기능을 다한 것 같았다. 차량과 사람들의 왕래가 빈번한 찻길 옆이지만 지나가는 누구도 그 집에 관심을 두지 않았다. 일을 마치고 집으로 돌아오는데 가게 안으로 들어가는 함석 문이 비스듬히 열려있는 게 보였다. 그 앞 의자에 백발노인이 앉아있었다. 노인도 의자도 울퉁불퉁한 밤색 나무지팡이에 기댄 것처럼 보였다.

친정집에도 그와 비슷한 모양의 의자가 있다. 밤색 비닐 방석이 따로 놀아 못질하고 칠이 벗겨져 페인트로 칠했어도 거실 한편을 당당히 차지하고 있는 의자다. 오래전에 산 식탁에 딸려 온 그 의자는 지방으로 이사 갈 때도 버리지 못하고 사포로 문질러 새로 칠해서 쓸 만큼 애착을 가졌던 물건이다. 하지만 시간을 축적한 식탁은 결국 주저앉았고 가구를 새로 바꾸며 의자 중 성한 것 하나가 시골집으로 밀려났다.

그러나 친정집에 가서 보니 밀려난 것은 제가 아니라 나인 것만 같은 생각이 들 정도로 대접을 받고 있었다. 식탁 아래서 사람들의 몸무게에 눌려 춤을 추던 방석이 꽃바구니 끌어안고 거실 한편을 당당히 꿰찼다. 어디서든 제 한자리 온전히 차지할 줄 아는, 전 주인보다 나은 의자. 거기다 집안을 밝히는 가구의 대열에 홀로 이름을 올렸으니 신분상승이었다.

친정집에는 의자가 몇 개 더 있다. 서로 등을 기대기보다 허공을 받치는 기둥처럼 집안 여기저기 흩어져 있다. 태깔 고운 새것도 있고 외로움의 시간을 견뎌온 오래된 것도 있다. 구석에 접혀있다 필요할 때마다 펼쳐지는 접이식도 있고 플라스틱으로 만들어진 것도 있다. 그것들은 평소에 짐받이 노릇도 하고 발판 역할도 하다가 누군가가 앉을 때는 의자의 모습으로 돌아온다.

그 집에서 가장 외롭지 않은 의자가 하나 있다. 제일 나이가 어려도 가장 낡았고 그런데도 제법 틀거지를 갖추고 있는 의자다. 주인의 손길이 닿을 때마다 온기를 저축해 온 모서리는 반들반들 빛이 나고 한쪽으로 기울어진 주인의 몸무게를 받쳐주느라 우묵해진 부분은 볼우물까지 패여 있다.

마음이 헛헛할 때 가요 테이프 틀어놓고 창밖의 나무 향해 한 곡조 뽑을 때면 어깨 춤추며 귀를 여는 것처럼 보이기도 한다. 한밤중 세상사 뒤집는 드라마에 혈압 올리며 육두문자라도 날리면 저도 주인과 한 몸 되어 들썩들썩 흔들어 댈 줄도 안다. 비 오는 날에는 평생 노동으로 마디마디 녹은 관절이 아파 내는 신음에 저도 같이 흐느낄 때도 있다. 때로는 자식들이 주고 가는 용돈을 품어주는 금고도 되고 손 전화기며 약봉지를 챙기고 장을 보거나 TV를 보고 적바림해놓은 메모지에 한자리를 내주기도 한다.

한편으로는 불편한 몸 일으켜 세우는 손도 되고 지팡이가 되기도 하는 그 의자는 긴 의자를 살 때 덤으로 딸려온 보잘 것없는 것이었다. 하지만 친정엄마는 제값을 치르고 사온 소파보다 공장에서 버려지듯 덤으로 얹혀 온 그 의자에서 더 많은 시간을 보낸다. 그 의자는 주인이 곤한 몸으로 안방에서 귀잠든 시간에야 나붓한 제 모습을 드러낸다.

얼마 전 사조룡(四爪龍) 문양과 금칠 흔적으로 미루어 조선시대 임금이 사용했던 유물로 추정하는 야외용 의자가 경매에 나왔다. 추정가는 5억 원이라고 했다. 그런가 하면 유명 디자이너가 만든 일인용 의자 하나가 경매시장에서 몇백억에 팔리기도 하여 재산 불리기의 수단이 된다는 소식도 들린다. 하지만 의자가 가장 빛이 나고 값질 때는 누군가 그 자리에 앉았을 때가 아닐까. 의자는 너무 푹신하거나 딱딱하거나 화려할 필요도 없다. 단지, 편안하면 된다.

나무의자, 회전의자, 흔들의자…. 권위를 상징하는 옥좌로부터 불쏘시개에서 거듭난 법정 스님의 파피용 의자, 쓰레기 치우듯 덤으로 딸려 보내는 의자에 이르기까지 세상에는 단명과 장수를 거듭하는 다양한 의자들이 존재한다.

사람 또한 타인을 위한 의자가 될 수 있다. 나이테를 키워가며 품이 넓어지는 나무처럼 나이를 먹으며 자식과 부모, 친구와 친구, 이웃과 이웃을 위해 번갈아 앉을 수 있는 의자가 되어주는 것이다.

  오늘도 허름한 옛날 담배 가게 앞을 지나가는데 겨우내 웅크리고 있던 낡은 의자에 앉은 먼지를 봄바람이 훑어갔다.

2014. 봄

좀씀바귀

 아파트 현관 앞에 꽃밭이 생겼다. 풀밭에 병아리 노닐 듯 몇 송이 보이더니 며칠 만에 노란 꽃밭이 되었다. 봄을 밝히는 노란 꽃들이 많다. 밝고 맑기로야 수선화도 있고 개나리도 있다. 하지만 그중에서도 특별할 정도로 밝은 노란빛을 나타내는 꽃 중 하나가 씀바귀다.
 씀바귀는 이른 봄 고향에 가면 반드시 뜯어먹는 나물 중 하나다. 집 앞 논틀길 이곳저곳에 옹기종기 모여 자란다. 때맞춰 가면 여린 나물을 먹게 되지만 조금 늦더라도 아쉽지는 않다. 노란꽃 보는 재미가 쏠쏠하기 때문이다. 같은 씀바귀 종류인데도 아파트 화단 안에서 보는 좀씀바귀꽃은 접두어 '좀'을 붙여준 것이 무색하게 곱고 환하다.
 노란색은 샛노랗고 누렇고 노르스름하고 누리끼리한 다양한 모습을 품고 있다. 샛노란 좀씀바귀꽃 곁을 지날 때는 내 몸에도 노란색 물이 드는 것 같다. 꽃밭은 하루가 다를 정도로 눈에 띄게 넓어졌다. 1층 담벼락을 넘보기도 하고 길가로 고개를 내밀기도 하면서. 날이 흐리거나 비가 오면 꽃잎을 접고 햇살이 좋으면 활짝 핀 얼굴로 그 앞을 지나는 나를 잡아두곤 한다.

 지붕 낮은 집들이 사라지고 고층아파트단지가 들어서고 있는 마을에서 잠시 산 적이 있다. 결혼하고 얼마 안 되어서다. 대문을 나서면 기찻길이 보이는 철길 옆 동네였다. 오래된 연립이라 옆집에서 소곤거리는 소리가 들릴 정도로 방음과는 거리가 먼 주택이었다. 집은 얼마나 나이를 먹었는지, 있는지조차 몰랐던 지하실에는 물이 가득 차 물 위의 집에서 살았던 것이나 다름없었다. 그 집에서 첫 아이를 낳아야 할 우리에게 걱정은 물 고인 지하실에서 여름만 고대하고 있을 모기 유충들이었다.
 그렇다고 여행 가방 싸듯 이삿짐을 다시 쌀 수는 없는 노릇이라 해결 방법은 모기 유충을 없애는 것이었다. 차일피일 미루다 출산일이 가까워졌다. 모기들은 한두 마리씩 날개를 펴고 지하실을 빠져나오기 시작했다. 조만간 우리 집은 모기들의 천국이 될 것이었다. 수시로 약을 뿌리고 문단속을 하고 모기에 헌혈도 하면서 그 집에서 이 년을 살았다. 그리고 그 동네를 잊었다. 그런데 요즈음 그곳의 옛 모습들이 자꾸 떠오른다. 전국의 수많은 덕천마을 중 하나인 안양7동 지역이 재개발에 들어가기 시작하면서부터다.

아이들이 어렸을 때 다녔던 단골 치과도 곁에 있던 풍물시장의 작은 가게들도 사라지기 시작했다. 버스정류장 앞 목욕탕과 마트, 치킨집도 지우개로 지운 듯 아무것도 남지 않았다. 모든 게 없어졌듯 그곳에 살던 사람들도 다 떠난 줄 알았다. 그런데 버스를 타고 지나다 보면 목숨 걸고 자신의 주거지를 지키겠노라는 혈서 같은 현수막이 바람에 나부꼈다. 밤이 되면 빈집이 되는 걸 보면서도 그럭저럭 끝까지 문을 닫지 않고 떠나길 거부하는 사람들이 사는 집에 불이 켜지고 그 불은 마치 등대처럼 어두운 마을을 지키기도 했다. 공사 가림막이 쳐진 그 안에서 무슨 일이 일어나고 있는지 알 수 없어지고 한 해를 넘기면서 마지막 남은 사람들도 떠나고 현수막도 걷혔다. 그렇게 마을의 예전 흔적은 깡그리 부서져 먼지와 함께 사라졌다.

낮은 집들이 사라진 자리에 고층아파트가 들어서면 일부는 다시 돌아오기도 할 것이다. 하지만 자신이 살았던 곳으로 돌아올 사람들은 얼마나 될까. 끝까지 떠날 수 없다며 지푸라기라도 잡듯 현수막을 내걸고 버텼던 사람들은 지금쯤 어디에서 마른 등을 기대고 있을까.

지금 사는 집 근처에는 군부대가 있고 삼봉천이라는 작은 천이 흐르고 있다. 하천정비와 도로확장을 위한 일로 그곳에도 심상찮은 바람이 불었다. 공사부지에 편입되는 연립주민들이 도로변에 억울한 사정을 현수막에 담아 걸어 알리기도 했다. 속사정은 자세히 알 수 없으나 잘 해결된 듯 어느 날부터 철거가 시작되더니 연립 몇 동이 사라지고 커다란 열기구 같은 공터가 생겼다. 대부분 오래 살아 고향 같은 이곳을 뜨고 싶지 않은 그들의 바람이 현수막에 담겨 나부꼈지만 결국 사람들은 떠났다.

올해엔 좀씀바귀 노란 꽃밭이 작년보다 더 넓어졌다. 바람에 씨를 날리는 것도 있겠으나 좀씀바귀는 줄기를 뻗어 가며 스스로 양분이 있는 쪽으로 알아서 이동하는 식물이다. 그러니 작년에 봤던 곳보다 새로운 곳에서 더 많이 보였던 것이다.

식물과 자연 간에도 계약 기간이란 것이 있을까. 좀씀바귀가 좋아하는 양분을 다 흡수하고 이동하면 빈자리를 다른 식물로 채우는 것은 자연일까, 사람일까. 사람이 심거나 뿌리지 않은 식물과 자연과의 계약 기간은 양분이 관건일 것이다. 양분, 사람도 양분에 매달려 주거지를 쉬이 바꾸지 못한다. 그런데도 어떤 이들은 쫓겨나듯 이동할 수밖에 없는 일이 생긴다. 댐 건설로 사라지는 마을, 유적지 주변에 조성되는 공원용지로 편입되어 정든 집을 내주는 일, 누군가의 생가 주변 정비를 이유로 삶의 터전을 옮기는 일들. 내가 보고 즐기는 어떤 곳들이 누군가의 고향 집이었다는 것을 기억해야 하는 이유다.

  개발과 환경정화라는 거인 앞에서는 아무리 깊은 뿌리를 내리고 살았어도 밭에 난 잡풀처럼 가볍게 뽑히는 일이 다반사다. 언덕과 골짜기가 서로 바뀌고 뽕나무밭이 바다로 변하는 일이 밥 먹고 잠자듯 일어나는 시대다. 그렇지만 환경이 변해도 사람의 마음만은 언덕으로 서고 골짜기로 남을 수 있었으면 한다. 딛고 선 자리 지키겠다는 일념으로 내걸은 현수막을 볼 때마다 노란 좀씀바귀꽃이 생각난다.

2015. 봄

느티나무

야트막한 산의 급경사를 벽 삼아 우뚝 선 아파트 11층에 우리 집이 있다. 처음 이사 왔을 때 1층에서 보는 산은 위압감과 답답한 느낌을 주었다. 하지만 11층에 올라가서 만난 산은 부드러운 스펀지케이크였다. 팔을 내밀면 잡힐 것 같은 아까시나무는 하얀 꽃을 피워 은은한 향을 내뿜었고 그 아래 느티나무가 작은 산을 받치듯 서 있었다. 그 나무는 아이들이 뛰어노는 초록 운동장의 수호신 같았다. 품 넓은 느티나무의 푸른 몸짓이 낯선 동네를 편안하게 해주었다.

우리 가족이 이 동네에 정이 든 만큼 느티나무도 나이를 먹었다. 우리 가족이 내린 뿌리가 무형인 것처럼 집 앞 느티나무 뿌리도 그렇다. 품을 넓혀 길게 굵게 깊게 뻗어 나갔을 것이지만 내 눈에 보이지 않으니 그렇게 생각한다. 내 마음이 내 속 어딘가에 있듯 느티나무 뿌리도 흙 속에 꽁꽁 제 몸을 묻어 자랄 것이려니 여긴다.

  산림박물관에서 500살이 넘었다는 느티나무 뿌리를 본 적이 있다. 흙 속에 길을 내며 자란 뿌리가 아름다우면서도 위엄이 있다는 것을 눈으로 확인했다. 나무는 나이테로 꽉 차 있어야 할 공간을 비우고 그 안으로 사람들을 불러 모아 거울처럼 맞은편을 보여줬다. 대둔산 입구에서 도로 확장을 위해 희생되었으며 4년간의 숙성과 10개월간의 작업을 거쳐 전시되고 있다는 안내문을 못 봤다면 어떤 나무인지도 몰랐을 것이다. 메두사의 머리처럼 사방으로 엉키며 뻗었던 뿌리는 이곳에서 또 다른 삶을 얻은 듯했다.

  나무의 뿌리는 뽑히거나 쓰러지기 전에는 쉽게 볼 수 없다고 생각했다. 흙 속에 있어야 할 뿌리가 눈에 띄었다는 것은 나이 먹기를 그쳤다는 것으로 알았다. 그러나 어떤 나무는 뿌리를 드러내고도 잘 자라고 있었다. 뿌리는 흙 속에만 있어야 한다는 선입관을 바꾼 곳은 대만의 온천단지로 들어가는 입구에서였다.

  이름을 알 수 없는 큰 나무 앞에서 가던 길을 멈췄는데 가지들이 아래로 늘어져 발[簾]처럼 흔들리고 있었다. 자세히 보니 촘촘히 땅을 향해 뻗어 내린 뿌리였다. 바람에 머리카락처럼 휘날리던 뿌리들이 가지와 균형을 이루고 있어 마치 공중에 떠 있는 나무 같았다. 광합성을 위해 햇빛 쪽으로 조금씩 이동하는 나무도 있다지만 저렇게 뿌리를 드러낸 나무라니.
　나무의 줄기와 뿌리의 무게는 비례한다는 연구결과도 있다는데, 저들은 그 비례에 맞춰 줄기와 뿌리를 뻗는 것일까. 겉으로 드러난 뿌리들을 한참 올려다보았다.
　나무는 공중에서 뿌리를 내리기도 하지만 환경에 따라 일부분을 드러내기도 한다. 그런 나무 뿌리를 본 적이 있다. 어떤 숙명을 타고 난 것처럼 공기 중에 드러난 뿌리를. 그 나무의 뿌리는 울퉁불퉁하여 마치 운동으로 잘 단련된 사람의 근육 같았다. 위로는 휘어지고 뒤틀렸어도 위엄이 있었고 땅 위로 드러난 아랫부분 또한 예사롭지 않아 보였다. 땅을 딛고 하늘을 받치고 서 있을 수 있는 것은 실상은 땅속에 뻗은 뿌리 없이는 어림도 없을 일이다. 보통 땅속에 묻히거나 다른 물체에 박혀 수분과 양분을 빨아올린다는 뿌리의 정의만 알던 내게 이런 거목들은 땅속을 상상하게 만든다. 오래된 나무는 하늘과 땅을 이어주는 신과 같다고 했다. 그래서 오랜 세월을 한 자리에 머물며 하늘로 땅속으로 퍼진 나무속에는 정령이 산다고 하는 것이다. 고목에 손대는 일을 주저하게 되는 것도 그런 의미일 것이고 두 손 모아 빌게 되는 것도 그런 맥락일 것이다.
　그런가 하면 강진 다산 초당 오르는 길에 본 나무뿌리들은 어깨동무를 한 것처럼 보였다. 정호승 시인은 그 길을 "지하에 있는 뿌리가 더러는 슬픔 가운데 눈물을 달고 지상으로 힘껏 뿌리를 뻗는다."고 노래했다. 슬픔 가운데 눈물을 달고 지상으로 나왔으니 동병상련의 아픔을 나누는 몸짓이었을까.

　나무는 뿌리를 너무 많이 보여주게 되면 중심을 잃고 바람에 쓰러지게 된다. 그러니 서로 어깨동무를 하는 것이리라. 그래서 다른 나무를 품에 안고 서로 얽히며 기대 살아가는 것이리라. 그렇기에 스스로 이동할 수 없는 나무지만 사람보다 오래 살고 속 깊은 것인지도 모른다.

　오늘도 집 앞의 품 넓은 느티나무 아래 사람들이 옹기종기 모여 앉아 푸른 나무 이파리 같은 소소한 이야기들을 풀어 날린다. 그들의 이야기는 공중으로 퍼지다가 나무의 나이테 속에 촘촘히 박힐 것이고 가끔 적적할 때 정령은 이파리를 흔들어 바람에 실어 보낼지도 모른다. 그래서 그들만의 이야기를 매단 우리 집 앞 느티나무는 수많은 느티나무 중 하나이면서 그냥 느티나무가 아니기도 하다.

2015. 봄

동백꽃 그늘에서

뜰 앞에 풀꽃도 건드리기만 하면 통통 튈 것 같은 사월이다. 새벽을 여는 새들의 지저귐이 떠나라는 응원처럼 들린다. 힘을 보태듯 비비추, 원추리도 푸른 잎을 쭉쭉 끌어 올린다. 그 덕에 계획에도 없는 여행길을 딸아이까지 앞세워 훌쩍 따라나서고 만다.

거제도, 동생은 바다를 봐야만 살 것 같다더니 그도 한나절 눈에 담으니 심심한 모양이다. 그때 장승포항에서 만난 고기잡이 아저씨가 지심도 동백 숲은 꼭 보고 가라고 일러준다. 마침 섬으로 들어가는 배까지 출발준비 중이니 길게 생각할 것도 없이 표를 끊어 배를 탄다.

배에서 볼 땐 길도 없을 것 같은 섬인데 조금 들어가니 두 갈래로 나 있다. 동백 숲이 터널을 이룬 호젓한 산책길 안내는 동박새 몫이다. 부리를 쫓아 방향을 잡다 보면 어느새 섬 한 바퀴를 돌게 된다고 한다. 걷는 이의 몸이 붓 한 자루 되어 제

자리로 돌아오면 심(心)이라는 글자 하나 머릿속에 또렷해질 것 같다. 발걸음 따라 머리를 지나 가슴으로 내려온 글자가 가벼운 흥분을 일으킨다.

지심도의 사월, 그중에서도 주중의 동백 숲은 고요하다. 동박새보다는 휘파람새의 목소리가 더 큰 동백섬의 나이는 동백나무만 보고도 가늠이 된다. 해풍을 맞으며 구부러지고 휜 채 나이 먹은 동백 가지에 아기 같은 꽃들이 매달려있다. 그 나무들 사이에 들앉은 볕뉘 한줄기도 꽃 같은 섬이다.

문득 도장포에서 해금강 우제봉으로 이어지던 오솔길 풍경이 떠오른다. 해뜨기 전에 걷는 산길은 고요했다. 휘어지며 엉킨 고목들이 만든 자연 터널은 그곳을 지나면 다른 시공간이 나올 것만 같았다. 바람이 파도 소리에 화답하듯 낙엽이 만든 융단 같은 오솔길을 훑고 지나갔다. 누군가 우리가 걸었던 원시림 같았던 그 숲이 오래된 동백나무 군락지라고 알려주었다. 동백 터널 지나 우제봉에서 만난 일출이 잠자듯 조용했던 숲을 신비롭게 만들었다면 지심도 동백 숲에 들어온 햇살은 베일을 벗은 숲의 모습을 있는 그대로 보여준다.

흐드러진 동백꽃을 보려면 좀 일찍 왔어야 한다지만 지금 눈앞에 보이는 것만으로도 충분히 아름답다. 처음 만난 민박집 입구, 송이째 떨어진 붉은 동백 꽃송이가 우르르 몰려나와 손님을 맞는다. 나무 위를 올려다보니 몇 송이 남지 않은 꽃들보다 색이 더 짙다. 행여 밟을까 조심스럽게 지나가다 보니 해삼과 바다꽃 같은 멍게가 동백꽃 그늘에서 졸고 있다. 피는 꽃보다 진 꽃이 더 많은 인적 드문 오후의 섬이 나른하기만 하다. 바람이 쓰다듬고 지나간 오래된 동백나무 숲에 정적이 똬리를 튼다. 그 바람에 내 발걸음 소리에 놀라 뒤돌아본다. 돌아본 곳엔 휘어진 동백나무들이 서로 엉켜 어깨춤을 추고 있다.

 송이째 떨어진 동백 홑꽃들이 마치 붉은 융단 같다. 동굴 같은 터널을 만든 숲길에서 나도 나무가 되듯 발길을 멈춘다. 차마 얇은 꽃들을 지르밟고 지나갈 수 없다. 송이송이 주워 길옆으로 옮겨 놓는다. 노란 수술을 하늘 향해 놓으니 규피트의 화살이라도 맞은 듯 꽃 빛이 수줍다. 겸손한 사랑에 어울리는 빛깔이다. 같은 동백인데 겹꽃과 홑꽃의 차이가 이렇게 클까. 동백꽃을 실제로 처음 본 것은 오래전 시댁 마당에서였다. 송이째 떨어진 탐스러운 겹꽃을 그러모을 때마다 선명하지 못한 빛깔이 쓸쓸해 보이기까지 했다. 그런데 이곳에서 만난 홑꽃은 선명한 붉은 색이다. 거기에 화룡점정처럼 노란 꽃술이 그 빛을 살려내고 있으니 자연히 걸음이 느려진다.

 그사이 딸아이는 터널 같은 동백 숲길 따라 성큼성큼 앞서 가더니 발소리마저 숨기듯 사라졌다. 새들까지 약속이라도 한 듯 조용해진 숲을 향해 큰소리로 아이를 불러본다. 대답 대신 메아리만 돌아와 발밑에 떨어질 뿐이다. 다급한 마음에 앞서

간 길로 달려가니 곰솔 아래 넋을 놓은 듯 아이가 서 있다. 동백 숲이 사라진 길 앞에는 에메랄드빛 바다가 평야처럼 끝없이 펼쳐져 있다. 도장포에서 동백 터널을 지나 우제봉 앞에서 만났던 쪽빛 바다다.

바라만 봐도 시원하다. 들려오는 파도 소리만으로도 개운하다. 먼바다는 동백과 동박새를 삼켜 버린 듯 고요하다. 눈을 감고 서 있는 자리에 점 하나 콕 찍어 나름대로 마음 심(心)을 그려본다. 돌아본 섬이 온전하게 내 안으로 들어온다. 산책은 마음을 조절하는 가장 좋은 방법이라 했다. 그래서인지 도심 속에서의 걷기와 달리 동백꽃 천지인 이곳에서는 걸을 때마다 몸이 조금씩 가벼워진다. 꼬이며 묵힌 감정들까지 동백 숲에서는 실타래 풀리듯 저 스스로 길게 풀려버린 까닭이다.

어느새 나른하게 잠든 오후의 지심도에 마지막 배가 들어왔다. 개불과 해삼이 커다란 함지에 담겨 졸고 있던 곳에 강아지가 저녁밥을 기다리듯 꼬리를 세우고 서 있다. 떨어진 동백꽃은 강아지도 밥그릇도 붉게 물들인다. 장승포항으로 돌아오는 배 갑판에 나와 지심도를 바라본다. 배가 남긴 물살 같은 긴 길 하나 가슴속으로 들어온다. 어느새 마음은 지심도 동백 숲으로 다시 돌아가고 있다. 하지만 물살을 가르고 목적지를 향해 가는 배처럼 나도 이제 다시 일상으로 돌아갈 시간이다. 아쉽지만, 언젠가는 오늘을 추억하는 것만으로도 배부른 시간 되는 날이 있을 것이다. 등 뒤로 부서지며 사라지는 물거품 끝에 지심도 동백꽃들이 손을 내민다.

배는 십여 분 만에 섬들의 맏형 같은 거제도에 다시 내려준다. 고려 시대 대문장가인 이규보는 거제도를 다음과 같이 말했다. "남방의 극변으로 물 가운데 집이 있고 사면을 두른 것은 다만 넘실거리는 큰 바다뿐이며 항상 안개가 자욱하고 날씨는 찌는 듯이 무덥고 태풍이 끊일 새 없이 일어나며 여름이 되면 벌보다 더 큰 모기떼가 모여들어 사람을 문다고 하니 진실로 두려운 곳이다." 거제도로 발령받아 가는 친구에게 보낸 편지에서다. 그러나 죄 없이 그곳에 이르렀으니 후일, 내면에 충실한다면 얼굴에 윤기가 피어나서 자연히 동자로 환원하여 반드시 신선 중의 인물이 될 것이라며 위로를 했다.

수백 년 전 실로 두려운 곳이라던 거제도에 지금은 아름다운 섬들을 찾아 사람들이 몰려들고 있다. 내면에 충실하기도 전에 신선이라도 될 것 같은 비경 때문이다. 그중에서도 동백의 진면목을 가장 잘 보여주는 지심도 가슴이 뻑뻑해지면 지심도 동백 숲에 다시 오고 싶어질 것이다. 신석정 시인은 "오동도엘 가서 동백꽃보다 진하게 피맺힌 가슴을 열어볼거나."라고 했다. 시인은 자신의 피맺힌 가슴을 동백꽃으로 치유를 받았을까? 나도 한 번쯤 상처로 멍든 가슴을 쓰다듬고 싶을 땐 지심도 동백 숲으로 주저 없이 달려오고 싶다. 동백 숲이 우거진 곳, 가끔은 유배되듯 그 섬에 갇혀도 좋겠다는 허욕을 부려본다.　　　　2009. 봄

향을 피우며

아버지의 기일이다.

음력으로 2월 그믐, 살갗을 훑고 지나가는 꽃샘바람이 싫지 않은 계절이다. 벌말 초입에 자리 잡은 우리 집에는 바람의 근거지라도 되는 것처럼 모든 바람이 모여든다. 이월 그믐의 밤바람은 좀 차다. 그 찬 기운 도는 밤에 아버지는 떠나셨다.

흠향을 위해 열어둔 현관문 틈으로 황소바람이 밀고 들어온다. 시나브로 제 몸을 사르던 향 연기가 바람을 타고 삽시간에 온 집안에 퍼진다. 향냄새가 싫지 않다. 토막 낸 것을 칼로 잘게 저며서 피운 것인데 화학 냄새 나는 판매용과 달리 은은한 향이 좋다.

향내 나는 나무들이 많지만 제 몸을 살라 향을 풍기는 향나무만큼 진한 것은 없는 것 같다. 잘라 놓기만 해도 오래도록 향을 간직한 나무이기도 하다. 어린 시절 제사상 앞에 피워놓

앉던 향불에 대한 기억은 아직도 생생하다.

 집 안팎 청소를 마치고 깨끗한 옷으로 갈아입은 작은아버지가 한지로 곱게 싸놓은 향을 서랍 속에서 꺼냈다. 날렵한 창칼로 조심스럽게 베어낸 향 조각은 자손 대신 소신공양이라도 하는 것처럼 하나 둘 불 위로 올라갔다. 가늘게 피어오르는 하얀 연기가 방안으로 퍼지면 나도 모르게 숨소리를 죽이고 눈을 감곤 했다. 낮부터 안개처럼 모락모락 집주변을 감싸던 음식 냄새도 향불 앞에서는 그 기세가 꺾였다.

 전에 살던 아파트 입구에도 키 작은 향나무 한 그루 서 있었다. 휘어지고 틀어진 기형적인 몸매를 펴놓으면 제법 늘씬한 키를 자랑할 만한 나무다. 몇 해째 세모 때마다 온몸으로 불 밝히느라 그랬는지도 모른다. 생각없이 지나다가 태풍 때문에 향나무에 관심을 두면서 유심히 보기 시작했다. 그해 태풍 곤파스의 위력은 생각보다 무서웠다. 크고 작은 나무들을 제 이름인 컴퍼스처럼 죄다 꺾어놓으며 지나간 며칠 후, 집 근처 산에 오르니 아름드리 나무들까지 속살을 드러낸 채 길게 모로 누워 있었다.

 곤파스는 태조 때 옮겨 심었다는 창덕궁의 칠백 년 된 향나무의 허리까지 잘라놓고 도망가듯 동해로 빠져나갔다. 아랫부분은 해를 입지 않은 것 같았으나 그 모습으로 천연기념물의 반열에 설 수 있을까 싶었다. 사람이 이름을 남기고 가는 것처럼 창덕궁 향나무도 천연기념물 194호라는 고유번호만 남기나 싶어 안타까움이 더 했다. 하지만 잘린 둥치는 종묘제례악 등에 쓰일 예정이라니 여러모로 이름값을 하는 나무다.

오래전 큰아이 학교 숙제로 정한 가훈이 있다. 꼬마였던 아이들과 머리 맞대고 급히 만들어 냈다. 평범한 문구지만 함께 정한 것이라 향나무에 음각하시는 분께 주문해 벽에 걸어 두었다. 십수 년이 지났지만 그동안 집에 오는 그 누구도 나무 향을 느끼지 못했다. 그런데 어느 날 우리와 아무 연도 없는 분이 집안에서 향내가 풍긴다는 말을 했다. 낯선 사람을 경계하며 조금 열어준 현관 문틈에서 액자가 걸린 곳까지는 여남은 걸음이 조금 덜 되었다. 그가 돌아간 후, 가까이 다가가 아무리 애써봐도 향내가 맡아지지 않았다. 그 사람은 멀리 떨어져서 어떻게 향이 맡아졌던 것인지 신기했다. 오랜 수행으로 말미암아 얻어진 맑은 심신 덕분이었을까.

시골 할머니 댁에도 제법 큰 향나무가 있었다. 봄에 새로 나온 부드러운 새잎을 자를 때마다 손에 향나무의 독특한 냄새가 배었다. 가을이면 커다란 콩알 같은 열매들이 조랑조랑 열렸다. 뾰족한 바늘 같은 잎은 몸에 닿으면 따가웠는데 반대로 새로 난 비늘잎은 부드러웠다. 요즘 정원수로 만나는 우아하게 다듬어진 가이스카 향나무도 아니었고 밑으로 넓게 퍼지는 뚝향나무도 아닌 그냥 모양 없이 마음대로 자라 퍼진 나무였다.

향나무를 만나면 가끔 그 나무가 생각난다. 다가가 잎을 비비면 어린 시절 손에 묻었던 끈적끈적한 느낌이 살아나 코를 발름거리게 된다. 한마디로 표현하지 못할, 향기도 아니고 냄새도 아닌 것. 그러나 그 나무가 물기를 거두고 조각으로 태어나 불을 만나 승화하면 은은한 향을 풍기게 된다. 제례 때 불에 몸을 맡겨야만 향으로 자신을 드러내는, 내가 아는 향나무의 또 다른 모습이다.

선비들이 말하는 운치 있는 4예(四藝) 중에도 향을 피우는 일이 들어간다. 향을 피워 주변을 향기롭게 하는 것도 있지만, 안으로부터 우러나는 내면의 향기까지 지니기 위한 심신 수양방법이었다고 한다.

남아있는 향 몇 쪽을 불 위에 얹는다. 저렇게 향나무와 같이 살아서도 죽어서도 이름과 함께 은은한 향기를 남기는 '사람'이 되고 싶다. 자신만의 향을 만들려면 우선 나를 채우는 일보다 비우는 일에 더 마음을 두어야 할 것이다. 그래야 제대로 된 향내가 몸에 밸 텐데 지금 내 몸은 그리 가볍지 않다. 버리지 못하고 계륵처럼 끌어안고 있는 욕심들이 많은 까닭이다. 오늘은 정도에 지나치게 탐하는 마음을 내려놓는 날이다. 가진 것 없이 가벼이 떠난 아버지의 밤이기 때문이다. 그날도 저렇게 별들이 손에 잡힐 것처럼 가까웠을까.

2014. 봄

쥐똥나무

계절의 경계를 넘나들던 봄이 제자리를 찾았다. 때맞춰 산도 축제를 준비한다. 오월의 푸른 잔치를 위한 단장이다. 연둣빛으로 물들인 머리는 몽글몽글, 화사한 연분홍은 홍조 띤 얼굴이다. 우아함과 부드러움으로 한껏 치장한 산이 너울너울 춤을 춘다. 이맘때의 산은 성장한 무용수가 된다. 도심으로 내려온 춤사위는 쥐똥나무에도 아름다운 몸짓으로 다가간다. 겨우내 없는 듯 울타리를 지키던 쥐똥나무가 조용히 기지개를 켠다. 그 좁쌀만 한 새순을 보려면 눈을 크게 떠야 한다.

무엇이든 최초의 기억이 가장 오래가는 법이다. 몇 년 전 봄, 무엇하나 제대로 돌아가고 있는 것 같지 않았는데 계절만은 매끄럽게 잘도 흘러갔다. 무거운 발걸음으로 버스 정류장으로 향하던 중이었다. 늘 지나치던 길인데 갑자기 낯설어졌다. 지나가는 사람들 사이에 있는데도 무인도에 홀로 던져진 것 같은 느낌이 밀물처럼 밀려들었다. 길 한쪽에서 눈을 감고 흩어진 정신을 수습하려는데 진한 향기가 코를 찔렀다. 천천히 눈을 뜨니 두부 모처럼 반듯하게 빈틈없이 줄 맞춰 섰던 푸른 울타리가 흰 꽃 천지였다. 줄기 끝에는 작은 백합송이 같은 꽃들이 조랑조랑 매달려있었다. 목적지와 두려움을 잊은 채 그 향기 속으로 빨려 들어갔다.

오로지 하나에만 열정적으로 매달려 성공한 적이 없어서일까. 딱히 이것이라고 정해놓고 그것만을 좋아한 적이 없다. 식물에서도 마찬가지다. 늘 그 자리에 서 있을 뿐인 나무와 꽃을 반기면서도 각별한 느낌을 받은 적은 별로 없다. 하지만 어떤 계기로 말미암아 만나게 된 것들은 쉽게 잊지 못한다. 그해 봄, 하얀 쥐똥나무꽃은 내게 어둠에서 새벽으로 나가는 길이 되어주었다. 누군가의 위로도 따뜻한 손길도 아니었다. 울타리에 핀 작은 꽃에서 나는 향기가 나를 가둔 그물을 스스로 벗을 수 있도록 만들어주었다.

산에서 만난 쪽동백꽃의 고고함도 좋아하고 병꽃나무의 팔색조 같은 화사함에도 발길을 멈춘다. 뭉게구름처럼 피어난 불두화의 우아함에 탄성을 내지를 때도 있다. 그러나 그 나무들은 화려하거나 고고하지도 우아하지도 않은 쥐똥나무만큼의 의미를 주지는 못했다. 그날의 각별함 때문에 쥐똥나무꽃의 향기를 맡을 때면 경건해지기조차 한다.

큰 나무는 올려다봐야만 모습이 제대로 보인다. 그러나 울타리로 만난 쥐똥나무의 눈높이는 낮아서 좋다. 오월의 쥐똥나무, 길을 걷다 마치 강아지가 엄마 품을 찾아들 듯 슬그머니 다가가 코를 킁킁거린다. 순백의 색깔로 짙은 향기를 발산하는 키 작은 나무. 하지만 공해나 추위에 강해 어디서나 잘 자라는 씩씩한 나무다.

　우리나라에서 열매가 쥐똥을 닮아 쥐똥나무라고 부른다면 북한에서는 문화어로 검정알 나무라고 부른다고 한다. 우리가 열매의 모양으로 이름을 정했다면 문화어는 색깔로 이름을 정한 것이다. 통일된다면 이 나무만큼은 검정알 나무로 불리는 것도 괜찮겠다. 까맣게 익은 이 열매를 약재로 사용하는 분들은 '남정목'이라는 색다른 이름으로 부른다. 열매를 말려 가루 내어 먹거나 달여 먹으면 위와 간은 물론 신장까지 튼튼해진다고 한다. 그 외에도 고혈압에 양기 부족 갖가지 암, 이명증에 효과가 있다며 아주 뛰어난 약재라는 설명을 해 놓았다. 한마디로 만병통치약이다.

　남정목이 있으니 여정목도 있을 터, 바로 광나무다. 꽃은 쥐똥나무보다 조금 늦은 칠팔월에 피고 열매는 쥐똥나무와 흡사하여 구분하기 힘들다. 하지만 겨울에도 잎이 떨어지지 않으며 쥐똥나무보다 잎이 조금 더 큰 광나무는 소금기가 많아 좀처럼 썩지 않는, 자연 그대로의 방부목이다.

쥐똥나무는 열매만 약재로 쓰이는 것이 아니다. 도장도 만들고 지팡이도 만들고 회초리로도 쓰인다. 몇 년 전 지방 어느 노인회에서는 쥐똥나무로 회초리를 만들어 '사랑의 회초리'라는 이름으로 학교에 전달하기도 했다. 예전에 서당 훈장들도 싸리나 물푸레나무와 함께 쥐똥나무로 만든 회초리를 썼다.

사람의 손길에 의해 다듬어진 쥐똥나무 울타리를 따라 걷는다. 사월이라면 먼 산 아지랑이처럼 너울거리는 보드라운 연둣빛에 매료되고 오뉴월이라면 향긋한 꽃향기에 취할 수도 있다. 꽃처럼 사람에게도 저마다의 향기가 있다. 나무가 향기 있는 꽃을 피우듯 사람은 내면에서 우러나온 향내로 자신을 기품 있게 가꾼다. 내면이 아름다운 사람을 만나면 가슴이 설렌다. 사람에 비할 바는 아니지만, 꽃향기를 맡으면 오래전 그날을 생각나게 하는 쥐똥나무가 내게는 그렇다.

성북동 심우장(尋牛莊)을 찾았을 때의 일이다. 작은 집을 뒤란까지 한 바퀴 돌아 나오는 길, 들어갈 때는 느끼지 못했던 향기가 코를 찔렀다. 집안을 아무리 둘러보아도 꽃이 핀 나무는 없었다. 작은 골목길을 내려오는데 향이 점점 강해졌다. 심우장 아랫집 담벼락 밑에 작은 꽃들이 흰 눈처럼 소복했다. 위를 올려다보니 담을 넘긴 키 큰 쥐똥나무 한 그루 우뚝 서 있었다. 손을 타지 않아 자연 그대로 늘어진 가지 끝에 매달린 꽃들, 향기로 다가왔듯 향기로 아는 체를 한 것이다.

쥐똥나무는 4m까지 높게 자라기도 한다는데 내가 기억하는 것은 1m나 될까? 그래서인지 산이나 들에 서 있는 키 큰 쥐똥나무는 못 알아본다. 마치 몇 번 만난 사람을 다른 장소에서 만나면 초면인 듯 지나치는 것과 같다. 그래서인지 쥐똥나무는 울타리일 때 익숙하고 또 아름답다. 매연 속에서도 제자리 지키며 꿋꿋하게 꽃을 피우고 열매를 맺는 키 작은 쥐똥나무가 좋다. 격이 좀 떨어지는 이름을 가졌으면 어떠랴, 이름값 못하는 것보다 낫지 않은가. 꽃망울 활짝 열기 시작하는 지금, 꽃을 보며 나도 내 자리 지킬 때 가장 아름다울 것을 믿는다. 이 봄, 내게 거는 주문이다.

2010. 봄

손님과 도둑사이

　물건 포장에 여념이 없는 주인과 점원을 한 남자가 바라보고 있다. 남자는 기다리는 일이 지루하다는 듯 작은 가게 안을 살피기 시작한다. 이것저것 만져보던 남자가 사장의 점퍼를 만지작거린다. 어디 옷이냐고 묻는 것 같기도 하고 좋다고 부러워하는 것도 같다. 아직도 주문한 물건 포장하느라 마음이 급한 사장은 그의 말에 일일이 대꾸를 하지 못한다. 남자는 화장실을 다녀오겠다며 나갔고 한참이 지나도 돌아오지 않았다. 포장을 마친 물건은 가게 안에 쌓여있고 그걸 사겠다던 남자는 사라졌다. 사장의 점퍼 안에 있던 지갑도 같이.

　지인의 남편이 손바닥만 한 가게를 열었다. 조그만 가게는 둥근 어항들로 촘촘하게 채워졌다. 한쪽 구석에 소파 하나 겨우 들어가는 작은 창고 같은 곳이었다. 소파라고 하기에도 뭣

한 의자가 유일한 앉을 것이며 소지품 보관처였다. 손님이 오면 어디 피할 곳도 없는 작은 공간이지만, 그녀가 혼자 있을 때는 썰물 때의 서해 같았다.

가게는 아파트 바로 앞이라 오가는 사람이 많았으나 실제로 가게로 들어오는 사람은 거의 없었다. 사람들은 아파트로 들어가거나 반대로 집에서 나와 제각각 회사로, 밥집으로, 또는 부동산으로 미용실로 향했다.

그러던 어느 날 나이 지긋한 중년 부인이 가게 문을 밀고 들어섰다. 손님보다 주인이 쭈뼛거리자 다리가 아파 쉬어갈 겸 구경 좀 하려고 들어왔다며 웃었다. 누가 올까 두렵던 마음 한편으로 기다렸던 손님이라 발딱 일어나 작은 의자에 앉기를 권했다. 그녀는 사겠다는 말보다 구경하고 쉬어간다는 말이 외려 반갑기도 했다. 어항들을 보여주고 아는 대로 설명하자 밥 먹고 오는 동안 포장해 달라며 그중 하나를 골랐다.

그녀는 '드디어 내가 하나 팔았구나!'라는 흥분과 '장사, 그거 별것 아니네!'라는 생각으로 얼굴이 활짝 피기까지 했다. 그녀에게 가게를 맡기고 불안한 눈빛으로 나간 남편이 오기 전에 하나 팔아 자랑해야겠다는 마음에 연신 문밖을 살폈다. 들뜬 마음을 다독이려고 집에서 가져온 책을 꺼내는데 종이가방이 옆으로 툭 넘어졌다. 급히 나오느라 책 한 권과 지갑만 챙겨왔고 청소하느라 의자 옆에 내려놨었는데 책만 들어있고 지갑이 보이질 않았다.

　종이봉투를 뒤집어보고 가게 안을 구석구석 살펴도 없었다. 무엇엔가 뒤통수를 얻어맞은 것처럼 머리가 띵해지는 것을 느낀 그녀가 후다닥 가게 문을 밀고 여인이 간다던 식당으로 달려갔다. 식당에는 남자 손님만 서넛 앉아있었다. 주변 분식집까지 몇 곳을 돌았지만 그림자조차 없었다. 그녀의 얼굴에 송골송골 땀이 맺혔다. 한겨울에 셔츠 하나 달랑 걸치고 슬리퍼 차림에 가게 주변을 정신없이 뛰어다녔으나 추운 것도 못 느끼고 창피한 것도 몰랐다.

　며칠 동안 그녀는 혼자서 가슴속에 난 불을 끄느라 용을 썼다. 그러다가 조금 진정될 즈음 남편이 몇 시간만 봐달라며 또 불러냈다. 그녀는 한번 실수는 병가지상사라 했으니 내 오늘은 전 같은 실수는 하지 않으리라는 다짐의 칼을 빼 들고 집을 나섰다.

　점심때가 되자 식당에서 나온 손님 몇이 가게로 몰려왔다. 작은 가게 안이 꽉 찼다. 한 손에 컵을 들고 다른 손에 이쑤시개를 든 남자가 "이 물고기들 얼마나 살아요?"라고 물었다. 그 곁에 서 있던 여자가 "새끼는 몇 마리나 낳아요?" 했다. 그녀는 어항 속 물고기가 얼마나 사는지 몇 마리나 새끼를 낳는지 정확히 알지 못했다. 얼마냐고 물어주기를 바랐지만, 그들이 남기고 간 것은 흙 묻은 발자국이었다. 그녀가 청소를 마치고 나자 한 남자가 가게 안으로 뛰다시피 들어왔다.

깔끔한 정장에 반짝반짝 윤이 나는 구두를 신은 남자는 큰길 건너 학원에서 왔노라고 했다. 그녀도 오며 가며 간판을 봐서 익히 알고 있는 학원이었다. 남자는 오래 다니고 성적 좋은 학생들한테 줄 연말 선물을 구하는 참이라고 했다. 원장인 아내가 색다른 선물이 될 것 같으니 가보라고 해서 왔다는 이야기까지 덧붙였다.

아이들 이야기에 신이 난 그녀가 애들이 좋아할 만한 것들을 골라 바닥에 늘어놓았다. 남자는 어항 관리방법과 물고기 이름을 적어 붙여 달라고 했다. 학원에 전화를 걸어 아내의 의견을 묻고 사무실에 놓을 만한 것들도 몇 개 더 부탁했다. 그녀는 이것저것 까다롭게 묻지 않고 이름과 관리법만 적어주면 된다는 그 남자의 말에 안도했고 남편도 한 번 팔아보지 못한 개수를 자신이 팔게 된 것에 가슴이 뛰었다.

남자는 준비하는 동안 볼일을 보고 오겠다며 가방을 두고 나갔다. 찾아보기 표에 이름을 적어 붙이고 상자에 넣고 종류별 가격까지 적느라 시간 가는 줄도 몰랐다. 그때까지 남자도 남편도 오지 않았다. 그리고 날은 저물었다.

그 남자가 놓고 간 가방에서는 신문 몇 부와 만화책 두어 권이 나왔다. 그리고 한쪽 구석에 보이지 않게 숨겨둔 그녀의 손가방이 대신 사라졌다. 집에 가는 길에 내려고 챙겨온 아이 학원비가 든 가방이었다. 그녀가 같은 실수를 반복하지 않겠다고 벼른 다짐의 칼도 작정하고 들어온 도둑에게는 소용이 없었다.

 텔레비전 화면 속의 사장과 직원은 몇 년 전 지인이 겪은 일을 생각나게 했다. 남편에게도 말 못하고 혼자 끙끙 앓았던 그녀는 그 후로 한동안 사람을 제일 무서워했다. 열 사람이 도둑 하나를 못 잡는다는 말이 있다. 하지만 도둑 없는 세상이 되지 못한다면 앞으로는 한 사람이 열 도둑 잡는 세상 되었으면 하는 마음 간절하다. 흑심 품은 사람은 피노키오처럼 코가 길어지는 세상이 아니고서야 누구나 마음 문 활짝 열고 살 수 없기에 하는 말이다.
 손님과 도둑은 종이 한 장 차이다.

2014. 봄

모란장에서

　빗장 걸린 마음속으로 살랑살랑 파고드는 봄바람 따라 모란장을 찾았다. 이제 웬만한 도시에서는 장날도 무싯날(無市日) 같고 무싯날도 장날 같다. 그런데도 전국에 내로라하는 오일장들이 제법 많다. 그중 하나가 서울 근교에 자리 잡은 성남 모란장이다. 송파에서 가까운 모란장은 서울 사람들이 더 많이 이용하는 장이기도 하다.
　처음 장터가 열린 것은 북에 노모를 두고 내려온 육군 대령과 퇴역 군인들이 한둘 모여 일가를 이루어 마을이 형성되었을 때라고 한다. 북에 두고 온 어머니를 그리는 마음과 평양에 있는 모란봉을 연상하며 마을 이름을 모란이라고 하였고 자연스럽게 모란장이 된 것이다. 발 디딜 틈조차 부여하지 않으며 북적거리는 모란시장. 지금 장이 서는 곳은, 교통난 때문에 사라질 위기에 처한 재래시장을 살리기 위해 성남시가 이곳으로 옮겨주었다. 그러나 장이 서지 않는 무싯날은 빈 공터일 뿐이다. 상설시장과 다른 오일장만의 모습이다.

 그곳에 가면 온몸에 세월의 훈장을 줄줄이 달고 앉은 사람들을 손쉽게 볼 수 있다. 손님과 눈 맞추기에 여념이 없어 밥 한술 뜨는 것도 뒤로 미루는 우리의 어머니와 아버지들이다. 하지만 금방 따온 딸기처럼 갓 잡아온 생선처럼 나이와는 상관없이 젊은 심장 가진 우리의 부모들이기도 하다. 그 기운 덕에 부러 사지 않고 먹지 않아도 부른 배를 안고 돌아올 수 있는 곳이 또한 재래시장이다. 그래도 누구 하나 빈손으로 돌아가는 법은 없다.

 봄이라는 계절이 주는 싱그러움도 한몫을 했겠지만, 시장에서는 누구도 뒷걸음치거나 입을 닫는 법이 없다. 장사는 앉아서만 하는 게 아니어서 고무줄을 어깨에 가득 둘러메고 질긴 목소리로 길게 늘여 보이는 할아버지를 두어 번 부딪쳤다. 노인의 얼굴엔 모란장의 긴 역사에 견줄 만큼 주름살이 자글자글했다. 하얀 편지봉투 백 장 한 묶음에 천 원을 외치는 조금 젊은 할아버지의 곁도 몇 번은 스쳤다. 갑자기 내가 그들 곁을 지나간 것인지 그들이 날 따라온 것인지 헷갈렸다. 같은 생각을 하는 사람이 있었는지 자꾸 따라온다며 봉투 한 묶음 갈아줘야겠다고 할아버지를 불러 세우는 여인이 있다. 그 모습이 낯설지가 않다. 이것이 재래시장만이 가진 또 다른 매력이다.

사방이 꽉 막힌 쇼핑센터와 달리 허리띠 구멍 하나 더 느슨하게 풀듯 마음의 빗장을 열게 하는 무언가가 있다.

모란장이 서는 날은 지하철 모란역부터 시끌벅적하다. 인파에 밀리다시피 찾아간 오일장은 입구에 자리 잡은 화초단지로부터 시작하여 곡물전과 채소전 생선전에 생활용품까지 다양한 품목들이 구획 별로 나누어 자리 잡고 있다. 묘기 부리듯 하늘도 보이지 않게 진열해 놓은 옷전은 동네 마실 방처럼 할머니들이 한자리 차지하고 있다. 할머니들에겐 첫 만남이란 것이 없어 보인다. 초면인 듯해도 서로 옷 고르며 주고받는 묵은 장맛 같은 구수한 이야기에 발걸음을 멈춘다. 빨간 봄 점퍼 하나 골라 들고, 때깔 곱다에서부터 시작된 이야기는 꼬리에 꼬리를 잡고 끝없이 이어진다. 저러면 점퍼는 언제 사나 싶은 나와 달리 옷 장수는 개의치 않는 표정이다. 없는 것 같지만 보이지 않게 꽉 차있는 봄 공기가 마술을 부리듯 사람들의 마음을 열어놓고 돌아다니는 것 같다.

약재상 앞에는 지네를 말려 묶은 것을 내놓은 것도 모자라 가루까지 내어준다고 한다. 지난해 지네에 물린 손이 쉬이 낫지 않아 고생한 외숙모의 모습이 떠오른다. 죽은 지네에게는 독이 없을까. 이곳엔 없는 게 없다더니 정말 그렇다. 장터 중앙에서 조금 비켜선 골목 입구 평상 위에 건드리면 금방이라도 꿈틀거릴 것 같은 시커먼 뱀술 병이 나앉아 있다. 땅꾼과는 거리가 멀어 보이는 아저씨가 주인인 모양인데 관심 있어 보이는 사람한테만 아는 척이다. 거기서만큼은 나도 흔적 없는 봄바람이 된다.

어디선가 병아리 소리가 나는데 찾을 수가 없더니 장난감에서 나는 기계 소리였다. 바로 곁에 주먹만 한 크기부터 송아지만 한 덩치를 가진 강아지들은 기계소음에 숫제 입을 닫은 모양인지 조용하다. 장날 오후 햇살에 졸고 있는 녀석들이 대부분이다. 조막만 한 강아지들 옆에 흑염소와 시뻘건 벼슬을 축 늘어뜨린 장닭이 나란히 앉아 무심한 눈빛으로 장꾼들을 바라보고 있다.

시골에서 시냇가 초지에 매어둔 흑염소는 늘 피해 가야 할 대상이었다. 움직이지 않고 바라보는 눈빛만으로 우리를 제압했던 염소와 달리 집에서 키우던 수탉은 누가 주인인지 모를 정도로 우리 자매들을 못살게 굴었다. 손님이 올 때마다 한 마리씩 없어지는 암탉에 대한 분풀이였는지 시뻘건 벼슬을 곤추세우고 달려들면 어디 한군데쯤 찍히지 않고는 방으로 들어갈 수 없었다. 그렇게 종일 주인 노릇을 하다가도 저녁때만 되면 암탉들을 몰아 닭장 안으로 조용히 들어가곤 했다. 수탉은 횃대에 올라앉아서도 여전히 위엄을 잃지 않았다. 이곳 저잣거리에서 힘없이 졸고 있는 수탉을 보고 있으니 곁에 지켜줄 암탉 한 마리, 병아리 하나 없어서인지도 모른다는 생각이 든다. 지켜야 할 누군가가 있다는 것은 열심히 살아가야 할 이유가 되기 때문이다.

도시의 장이라고 아는 사람을 만나지 못하라는 법은 없다. 잘 들게 생긴 낫 한 자루 사 들고 나오는 할아버지 손을 덥석 잡는 또 다른 할아버지, 예서 만났네, 라며 반갑게 악수한다. 분명 어디에서 막걸리라도 한잔 나눌 것 같은 분위기다. 정말로, 한 바퀴 돌고 나니 속이 허전하다고 이제 먹을 일만 남았다며 중년 부부가 사라진 길로 할아버지들도 두런거리며 사라진다.

할아버지는 장에만 가시면 늘 거나하게 한 잔 걸치고 갈지자걸음으로 노랫가락 흥얼거리며 돌아오시곤 했다. 술 냄새가 싫어 슬그머니 외면하던 나와 달리 동생은 멀리서도 용케 할아버지를 알아보고 달려가 팔짱을 꼈다. 그리고는 도랑 쪽으로 기우는 할아버지에게 찰싹 달라붙어 무사히 집까지 모시고 돌아오곤 했다. 할아버지는 결국 술 때문에 돌아가셨다. 장에 다녀오던 할아버지의 손수레를 받은 버스 기사가 준 수리비가 화근이었다. 할아버지는 그 돈으로 주막에서 친구들과 함께 막걸리를 드시고 집으로 들어오는 농로 초입에서 사고를 당했다. 목격자들에 의하면 버스라고 했지만, 뺑소니라 범인은 찾을 길이 묘연했다. 옛 생각 때문인지 천막 속으로 사라지는 할아버지의 뒷모습이 어딘가 낯이 익다.

떠오르는 생각 따라 목적 없이 걷던 길을 약재 시장 쪽으로 돌렸다. 작정하고 별러서 봄바람 따라 찾아간 모란장. 만물시장 같은 그곳에서 오미자를 한 줌 샀다. 그리고 단술 만들 때 필요한 삼베 주머니 하나 골라 들었다. 돌아서 나오는 길 잔치국수 삶는 냄새가 그냥 가느냐는 듯 콧등을 간질인다. 위태로워 보이는 가느다란 의자에 걸터앉은 사람들의 모습도 보기 좋다. 혼자 왔으니 같이 먹을 짝 없는 것이 마냥 아쉽다.

구불구불 미로 같은 장터를 돌고 돌아 큰길로 나오니 마치 고래 뱃속에서 튀어나온 피노키오 같다. 집으로 돌아오는 버스 안에서 돌아다본 모란장은 조용히 자리 지키다 닷새에 한 번씩 사람들을 왕창 집어삼키는 고래 같다. 이왕이면 사람들이 만든 보이지 않는 고래의 깊은 뱃속이 오래도록 허기지지 않았으면 좋겠다.

2008. 봄

삼

 한 사람이 하늘을 쳐다보고 서 있다. 사람들은 관심 없이 지나간다. 두 사람이 하늘을 올려다본다. 그래도 사람들은 관심이 없다. 세 사람이 동시에 하늘을 바라다보자 그제야 많은 사람이 멈추어 같은 방향을 쳐다본다. 그러나 하늘엔 아무것도 없다. 3이 어떤 상황을 바꾸는 전환점이 된다는 것을 보여주는 실험이기 때문이다. 삼인성호(三人成虎)란 말이 있다. 세 사람이 범을 만들어낸다는 뜻으로 셋만 모이면 없는 것도 만들어 낼 수 있다는 말이다. 개인이 아닌 집단으로 넘어가는 경계인 3이 지닌 이야기와 힘은 무한대이다.
 지하철역에서 기차를 타려던 한 노인이 승차장과 지하철 사이 공간에 두 다리가 빠졌다. 그때, 한 사람이 기차를 밀어보자고 소리를 질렀다. '혹시나' 하는 마음으로 또 한 사람이 손을 내밀었고 뒤이어 "한 번 해봅시다."라며 희망을 보탠 세 번째 사람이 있었다. 삽시간에 열차 안과 승차장에 서 있던 사람들이 달려들어 열차를 밀기 시작했다. 그러자 무려 33톤이나 되는 쇳덩이가 움직이기 시작했고 노인은 무사히 구출될 수 있었다. <제3의 법칙>이라는 영상으로 만들어진 이 이야기는 2005년 천호역에서 있었던 실화다.

'3'. 흔히 말하는 행운의 숫자는 아니지만 '3'과 관련된 것들을 찾아보니 꽤 된다. 우선 내 주변에는 아이 셋인 집이 뜻밖에 많다. 하나는 외롭고 둘은 좀 그래서 셋은 낳아야겠다는 젊은 엄마도 있다. 요즈음 많은 사람의 사랑을 받는 세 쌍둥이를 보고 있으면 서로 다른 성격인데도 도란도란 잘 지내는 모습이 보기에도 흐뭇하다. 방송 덕분인지 외둥이가 한번 웃게 한다면 쌍둥이는 두 번, 세 쌍둥이는 세 번이 되겠다는 생각마저 든다.

사람들은 게임을 해도 두 판보다는 삼세판이고 만세를 불러도 삼창을 한다. 여자 둘이 모여 접시가 깨졌다는 말은 없으나 여자 셋이 모이면 접시가 깨진다는 속담은 있다. 이제 옛말이지만 시집간 새댁은 귀머거리, 벙어리, 장님 삼 년을 지나야 한다고 했던 시절도 있었다. 지금은 역으로 시어머니에게 통용된다고 한다. 젊어서는 며느리로 시어머니 눈치를 보고 나이 들어서는 시어머니 자리에서 며느리 눈치를 본다는 말이다. 성전환자가 아닌 남자도 여자도 아닌 제3의 성을 지닌 성 소수자도 있다. 종교계에서 논란은 되고 있으나 아마도 신께서는 이미

이 점까지도 고려하여 인간을 만드신 건 아니었을까.

　나이 들면 버림과 동시에 몸소 실천해야 할 것도 세 가지다. 마음을 비우고 욕심을 버리고 가진 것을 줄이는 일이다. 마음을 비우려면 욕심을 버려야 하고 욕심을 버리려면 마음을 비워야 하니 쉬운 일은 아니다. 가진 것을 줄이는 일 또한 많지 않으니 줄일 것도 없다 여겼는데 어느 날 집안 대청소를 하다 보면 쓰지 않고 입지 않는 것들이 꽤 나온다. 모종 솎아내듯 쉽게 골라 버릴 수 없어 다시 넣어두다 보니 계속 쌓이게 된다. 이것들을 처리하는 나름의 방법이 있다. 삼 년 이상 입지 않고 쓰지 않은 것이라면 미련 없이 버리거나 나누는 일이다. 이 모든 것은 결국 수신(修身)으로 이어진다.

　유몽인은 《어우야담》에서 사람이 늙으면 상정(常情)에 반하는 것으로 세 가지를 들었다. 그중 하나가 울 때는 눈물이 나오지 않고 웃으면 눈물이 나오는 것이다. 다음으로 밤에는 잠이 없고 낮에 잠이 많아지는 것이다. 마지막으로 어릴 적 일은 잊지 않고 중년과 근년의 경험은 잘 잊어버리는 것이다. 롱펠로는 노년은 청춘에 못지않은 좋은 기회라고 했다. 상정에 반한다는 세 가지 일을 다 경험해보았으나 아직 늙은(?) 것은 아니라고 부정하는 내게 위로가 되는 말이다. 그렇게 나는 조금씩 낡아가고 있다. 낡은 것과 늙은 것은 오래되었다는 공통점을 지닌다.

늙아가는 것은 청춘에 가깝지도 그렇다고 죽음에 가까운 것도 아니며 다만 조금씩 보이지 않게 쌓인 세월로 말미암아 몸체의 부피가 넓어지는 일이다. 오늘도 나는 생각의 몸피가 넓어지는 중이라 여긴다. 그래서 최선을 다해 오늘을 만끽한다. 그것이 게으름이든 부지런함이든. 그 날에 주어지는 시간을 만끽하는 일은 세 끼 잘 챙겨 먹고 적어도 세 번은 감사할 줄 알고 세 번은 가슴 뿌듯한 일을 하는 것이다. 오늘도 나는 일상에 반(反)하는 일들을 제법 이룩해내고 있는 한편, 일상에서 벗어나지 않고 잘 견디고 있다.

숫자 3안에서.

2015. 봄

소녀의 꿈

 단풍나무가 바람 따라 녹색 군무를 추고 있다. 닦아둔 유리창 안으로 나풀거리며 들어올 기세다. 나무 대신 피리 소리가 흘러들어온다. 어느 집 아이가 학교 숙제라도 하는 모양이다. 같은 단락을 계속 반복하여 불고 있다. 나도 덩달아 입안에 바람을 가득 채워 본다. 길게 토해내는 숨결 끝에 초등학교 시절이 달랑달랑 매달려있다.
 운동장을 에워싼 향나무 울타리 사이로 아이들과 함께 바람이 드나들었다. 그래서 울타리 너머 서 있는 미루나무가 수문장 같았다. 그 나무만 보면 이유 없이 즐거워지던 시절이었다. 짓궂은 아이들은 나무꼭대기에 조각구름 대신 친구의 빨간 팬티, 노란 팬티를 노래로 걸어댔다. 4학년 2반, 교실 맨 앞자리에 앉아있으면 말간 유리창을 통해 그 나무가 눈 안에 가득 들어왔다.

고학년으로 들어서는 4학년이 되어서도 아기 같다는 소리를 듣고 다닐 정도로 여전히 작고 늦된 내가 선생님 추천으로 분단장이 되었다. 맨 앞에 앉아서 보자기 들고 나가 건빵이나 옥수수빵 급식을 받아왔다. 뒤로 가며 친구들에게 나누어주다 보면 자연스럽게 얼굴을 익히고 이름을 익히게 되었다. 어쩌면 선생님은 숫기 없어 늘 제자리만 맴돌던 내게 더 많은 친구와 알고 지내게 하려고 분단장을 시켰는지도 몰랐다.

오영옥 선생님, 'ㅇ'이란 자음이 많이 들어간 이름처럼 얼굴도 눈도 성격도 모두 동글동글한 분이었다. 선생님은 바닷가 마을 학교에 있다가 잠시 우리 학교로 왔다고 했다. 그래서인지 선생님 곁에 가면 바다 냄새가 나는 것 같았다. 긴 머리가 바람에 날릴 때도 그렇고 시원한 이목구비에, 인어가 노래하는 것 같다고 생각한 목소리까지도 그랬다. 선생님은 무엇보다도 아이들 성격을 잘 파악했다. 수줍은 나를 위해 일부러 질문도 던지고 때로는 옆 반으로 심부름까지 시켰다. 그해부터 내 어깨에는 자신감이라는 날개가 조금씩 돋기 시작했고 선생님이라는 직업에 대해 막연하게나마 동경의 싹을 틔워 나갔다.

오래전 <내 마음의 풍금>이라는 영화를 본 적이 있다. 열일곱 늦깎이 학생인 산골 소녀 홍연의, 선생님에 대한 연정을 아름다운 풍경과 함께 그려낸 영화다. 주인공 홍연은 빨래를 태워 먹고 도망가다가 길을 묻는 수하를 만난다. 수하는 사범학교 졸업 후 첫 발령지를 찾아오던 중이었다. 그런 수하의 모습을 본 홍연의 가슴에 작은 파문이 일기 시작한다. 영화는 홍연이 가진 선생님을 향한 사랑의 설렘을 산골 마을의 풍경과 함께 한 폭의 그림처럼 펼쳐냈다. 그래서인지 영화 속 영상이 어느 순간엔 홍연의 사랑처럼 수줍어 보이기도 했다.

홍연은 매일같이 일기장에 선생님을 향한 자신의 마음을 적어보지만, 그의 마음을 알 수 없음에 더 애가 닳는다. 풍경처럼, 교실 안에 퍼지는 맑은 풍금 소리도 홍연의 가슴 가득 들어찬 사랑 같은 소리를 내는 것 같았던 영화다.

당시 우리 학교에도 풍금은 한 대뿐이었다. 음악 시간이 시작되기 전에 남자아이들은 그것을 옆 교실 혹은 더 먼 교실에서 날라 왔다. 가끔 소사 아저씨가 힘을 보태기도 했다. 칠판 앞에 들려온 풍금이 선생님에 의해 뚜껑이 열리고 먼지를 날려 버리는 동안 우리는 각자 제자리에 앉아서 조용히 기다렸다. 몇 번의 발성연습을 시킨 후, 바른 자세로 배에 힘을 주고 입 안에 바람이 들어가게 크게 벌려 노래하라던 선생님은 먼저 그런 모습을 보여주곤 했다. 나중에 성악가가 노래하는 모습만 보면 선생님이 생각났다. 그때 입안에 바람이 들어가듯 풍금도 바람에 의해 소리를 낸다는 것을 선생님의 발놀림으로 알았다.

선생님은 그렇게 내게 꿈이라는 풍선에 바람을 넣어주셨다. 가끔 선생님은 칠판 왼편에 밀어두었던 오선지가 그려진 판을 꺼내서 교과서에 없는 노래를 적어놓고 가르쳐 주기도 하셨다.

저 산 저 멀리 저 언덕에는 무슨 꽃들이 피어있을까, 밤이 되면은 해가 지면은 꽃은 외로워 울지 않을까, 에야호 에야호 에야호 에야호 나비와 같이 훨훨 날아서 나는 가고파 에이야호.

언덕 너머에는 색다른 무엇이 있을 것만 같은 궁금증과 함께 꿈을 갖게 하던 <소녀의 꿈>이란 노래는 지금도 가끔 흥얼거린다. 산새 정답게 지저귀는 곳에서 나도 피리 불며 살고 싶은 곳, 그곳에는 정말로 왕자님이 살고 있을지 모른다는 생각을 했다. 선생님 따라 노래를 부르다 보면 미루나무를 지나 언덕 같은 낮은 산을 넘었고 가보지 못한 가야산 너머엔 '무엇이 있을까.'라는 호기심에 꿈의 날개를 달았다.

선생님의 바람이 가득 찬 풍선 같은 볼에서는 곱고 힘찬 목소리가 흘러나왔고 풍금은 부드럽게 움직이는 손가락의 움직임에 따라 소리가 되어 교실에 퍼졌다. 한동안 집에 돌아와 선생님의 높은 소프라노 음을 연습하곤 하다가 스스로 멋쩍어 하기도 했다. 그땐 무시로, 나도 크면 선생님 같은 사람이 되리라 생각했다. 70년대, 4학년 아이가 가졌던 선생님 같은 사람이란 아이들 마음을 읽어주고 보듬어 주고 즐겁게 할 줄 아는 그런 사람이었다.

풍금의 울림 같은 홍연의 첫사랑은 산골의 냇물처럼 맑고 투명했다. 수하는 자신도 모르는 사이에 홍연의 마음속 풍금에 바람을 불어넣고 소리가 나게 했다. 산골에 울려 퍼지던 풍금 소리는 홍연의 목소리처럼 메아리가 되어 들려왔다. 선생님은 페달로 풍금에 바람을 넣어 소리를 냈듯 내게도 그런 바람을 불어넣어 주었다. 그래서 천천히 나만의 색깔을 갖고 소리를 낼 힘을 길러 주셨다.

얼마 후 선생님은 정말 바람처럼 사라지셨다. 그것이 방학 때인 것도 같았고 학기 중이었던 것 같기도 하다. 확실한 것은 우리 모두 헤어짐에 대한 준비나 인사가 따로 없었다.

그 뒤로 풍금 소리는 내게서 생명력을 잃었다. 하지만 내 날개는 서서히 자랐고 변화해 갔다. 누군가를 변화시키고 또 누군가에게 잊히지 않을 의미 있는 사람이 되는 것만큼 소중한 것이 있을까. 마음속에 자신만의 풍금을 가지고 있다는 것은 아직 꿈을 가지고 있다는 것이다. 기억 속에서 잠자던 풍금이 연주를 시작한다. 저 깊은 속에서 우러나오는 울림은 설렘으로 변해 나이를 잊게 한다. 때로는 나이를 잊는 일도 즐겁다.

2008. 봄

엄마와 나비

　나는 엄마와 사이가 그리 좋지 않았어. 딱히 나를 서운하게 한 것도 없는 것 같은데 이상하게 엄마가 불편하고 어려웠지. 그게 언제부터인지 모르겠네. 어렸을 때 상처받은 일이라도 있었을까? 아니면 사춘기 때 너무 많이 부딪쳤을까? 그도 아니면 내가 김치를 담가 먹을 나이가 되었을 때부터 시작된 잔소리 때문이었을까? 어쩌면 메주를 띄워 장을 담가서 간장과 된장을 걸러 먹을 줄은 알아야 한다는 말을 밥 먹듯 할 때부터였는지도 모르지. 아무튼, 내게 엄마는 남 같았어.

　난, 늘 바쁘게 살아야 했어. 그러니 그런 일에 시간과 노력을 쏟는 게 참 쓸데없고 하찮은 일이었지. 연중행사처럼 일 만드는 남편도 챙겨야 하고 한참 커가는 애들도 보살펴야 하는 데다 내 일까지 해야 했거든. 그런 내게 김치와 된장, 간장 담그는 일들이 눈에 들어올 리가 없었지. 그래서 자장가라도 부르

듯 내게 주문을 거는 엄마에게 그까짓 게 무에 그리 중요하냐고 사다 먹으면 되는데 공연한 시간 낭비한다고 통박을 놓기 일쑤였지. 그런데도 엄마는 물러날 기미를 보이지 않았어. 외려 잔소리 빈도가 더 심해졌지.

　그렇게 버티던 어느 해, 엄마는 결심한 듯 차를 불러 장(醬) 항아리 몇 개와 메주를 실어 우리 집으로 보냈어. 난, 좁은 집을 차지하는 항아리들이 보기 싫어 구석에 처박아 놓고 또 버텼지. 그러다 드디어 내가 두 손을 들었어. 엄마가 손수 만들어 보낸 메주를 버릴 만큼 내 마음이 모질지는 않았나 봐.

장을 담근 날은 잊을 수 없을 거야. 그건 처음 담가 본 때문도 아니고 너무 힘들어서도 아니었어. 더구나 잘 담가서는 더더욱 아니었지. 메주를 버리지는 말아야겠다는 생각만으로 시작한 거였으니까. 엄마한테서 들은 방법과 인터넷 검색 내용을 버무려 담가놓고 며칠이나 지났을까. 되짚어보니 고작 사흘이 지났을 때였어. 엄마는 무슨 큰 숙제라도 마친 것처럼 우리 곁을 떠났지. 정확히는 내 곁을 떠나신 거지. 엄마는 당신이 가고 난 뒤 장독대에 뒹굴게 될 빈 장(醬) 항아리가 눈에 밟혔던 걸까?

그런데 우습지. 막상 엄마가 안 계시니 구석에 몰아넣은 장(醬) 항아리가 눈에 밟히는 거야. 마치 엄마를 구석에 몰아넣은 것 같아 볕 잘 드는 자리로 옮기고 날이 좋으면 항아리 뚜껑을 열어놓게도 되고. 급기야 빗물이라도 튈까 봐 유리뚜껑을 사서 덮어놓기도 했다니까.

이상한 일이지. 장항아리를 떼어놓고 생각하는 엄마는 그 느낌이 달랐어. 돌아가셨다는데도 난 덤덤했거든. 효도는커녕 늘 엄마 말에 토나 달았던 내가 상청에 앉아서도 눈물이 나오지 않는 게 이해가 안 됐지. 사람들은 부모 살아생전 효도를 다

하지 못한 것 때문에 목 놓아 운다는데 나는 아무 생각이 없었어. 선산에 엄마를 모시고 삼우제까지 마치고 집으로 오는 날에는 그렇게 홀가분할 수가 없었어. 마치 내 등에 진 짐을 내려놓은 것처럼. 이제 숙제처럼 엄마를 찾아가지 않아도 되고 때 놓치면 안 된다고 김치나 장 담그는 일을 종용하던 잔소리들을 일도 없을 테니 그랬을까.

그날 밤이었어. 자리에 누웠는데 금방 코 고는 남편과 달리 나는 점점 잠에서 멀어지는 거야. 곁에 있는 남편이 멀리 있는 것 같은 느낌이 들었던 그때, 느닷없이 방안에 흔들리는 불빛 같은 것이 보였어. 고개 돌려 바라보니 나비가 팔랑거리며 천장 주변을 날더니 곧바로 내게로 날아와 가슴께에 내려앉는 거야. 놀라서 벌떡 일어났더니 금방 사라졌어. 며칠 잠을 못 자서 잘못 본 건가 싶었지만, 아니 그건 분명 하얀 나비였어. 그런데 그 순간 이상하게도 마음이 참 편안해지면서 잠이 오는 거야.

엄마가 준 씨 간장이 들어있는 항아리가 깨진 날은 그 며칠 후였어. 이삿짐을 옮기던 사람들이 가볍다고 빈 항아리로 여겼던 것 같아. 엄마가 살아 계셨으면 그냥 지나갈 수도 있는 일인데 마음에 걸리더라고. 그런데 우리가 들어갈 집에 깨진 씨 간장 항아리 대신 나비가 들어온 거야. 그것도 하얀 나비가. 17층으로 오르는 사다리차에 얹힌 짐을 타고. 나비는 집안 구석구석을 날아다니더니 창문을 통해 밖으로 나갔어. 그때부터 나는 내 곁에 나타나는 하얀 나비를 보면 엄마라고 믿게 되었지. 그런데 정말로 오늘 우리 사무실에 하얀 나비가 들어온 거야. 내가 왜 나비를 보고 "엄마!"라고 했는지 이해가 가지?

"엄마, 이제 걱정하지 말고 편안히 가." 거봐, 저 나비, 우리 엄마 맞지? 내 말을 듣고 나를 한 바퀴 돌더니 밖으로 나갔잖아. 엄마는 날 걱정하느라 나비가 되어 찾아오는 걸까? 엄마는 어쩌면 내가 엄마한테 받고 싶었던 건 따뜻한 위로였다는 걸 지금에야 아셨는지도 몰라. 내가 이제야 장(醬) 항아리를 챙기기 시작한 것처럼.

나는 그날 나비를 엄마라고 믿는 한 사람의 이야기를 넋을 놓고 들었다. 법정 스님은 "나비를 성찰하는 사람은 겨울에도 나비를 본다."고 하셨다. 나비는 문학과 미술에서 죽음과 부활, 자유를 상징하기 위해 자주 사용하기도 한다. 그 후로 그녀가 하얀 나비를 몇 번이나 더 만났는지 알 수 없다. 비록 한 다리 건너 들은 이야기지만 나는 하얀 나비를 만날 때마다 얼굴도 모르는 그녀를 떠올리곤 한다. 다시 하얀 나비가 무시로 많아지는 계절이 되었다. 그녀의 엄마는 올해도 나비가 되어 오셨을까?

2014년 봄

2. 여름

계(契) 하나 맺는다면

앉은뱅이책상 | 또 다른 이름 | 때 | 선물 | 외모는 네모다
계(契) 하나 맺는다면 | 웃는 꽃 | 거위벌레의 톱질처럼 | 무궁화 | 달 | 목소리
2009년 8월, 학의천 십 리 길 | 풀을 뽑으며

살얼음 언 동치미 국물 맛이다. 목으로 넘기는 시원함을 정강이가 대신 맛보는 중이었다. 그때 온몸으로 전해지는 서늘한 기운 끝에 매미 소리가 한여름 소나기처럼 쏟아졌다. 눈을 떠보니, 계곡에 앉아 숲 사이로 들어온 햇빛을 등에 업고 물속에 담갔던 발이 선풍기 바람 앞에 있다. 추위보다 더위를 못 견디는 남편이 틀어놓은 인공 바람과 해뜨기 전에 울어대는 쓰르라미의 합창이 꿈 풍선을 터트린 모양이다.

앉은뱅이책상

　동생이 자리만 차지한다며 버리는 탁자를 가져왔다. 아직 새 것이나 다름없는 데다 튼튼한 것이 마음에 들었다. 그동안은 필요할 때마다 거실 한쪽에 접어둔 작은 상을 꺼내 썼는데 이젠 그럴 일이 없어졌다. 자리는 좀 차지했다. 하지만 무게만큼 든든하여 기대는 편안함까지 느낄 수 있어 좋았다. 이동하기 쉽도록 다리 바닥에 부직포까지 붙이고 나니 잘 밀려 마치 바퀴 달린 탁자처럼 변했다. 그런데 좌식생활을 하는 우리에게 소파에 딸렸던 탁자는 높아서 불편했다. 할 수 없이 적당한 높이를 가늠해 그림 같은 나이테가 살아있는 다리를 조금 잘라냈다. 키 큰 탁자가 순식간에 앉은뱅이책상으로 변했다.
　앉은뱅이책상을 보면 아버지가 생각난다. 아버지를 떠올리면 등에 매달린 지게가 덤처럼 따라 나온다. 앉은뱅이책상과 지게와 아버지는 내게 따로 또 같이인 쌍둥이로 여겨진다. 지게는 아버지에게 없어서는 안 될 도구였다. 말 한마디 남기지 못한 채 먼 길 가던 날에도 짊어지고 나간 것이 지게였다고 했다. 새봄, 텃밭에 심을 고추가 자라면서 필요하게 될 말목을 구하기 위한 길이었다. 아버지 스스로 걸어서 찾아갔던 그 산, 며칠 만에 꽃상여 타고 다시 찾을 줄 당신도 까맣게 몰랐을 것이다.

읍내 오일장에 가거나 나무하러 갈 때, 논일할 때도 지게는 늘 갈쟁갈쟁한 아버지의 어깨에 매달려 있었다고 들었다. 마지막 가는 길에도 지게는 칼바람 부는 논바닥에 엎어진 아버지의 앙상한 어깨를 덮고 있었다. 모르긴 해도 나도 몇 번은 그 지게 위에 짐처럼 올라앉았을 것이다. 앉은뱅이책상도 거기에 져 나른 나무들로 만들었다고 했다.

대홍수가 난 어느 해, 집 앞 냇가에 커다란 편목들이 떠내려왔다. 아버지는 그것들을 지게에 얹어 집까지 날랐다. 학교에 들어가는 큰딸을 위해 책상이 필요했던 아버지에겐 큰 선물이었다. 물길 따라온 편목은 다시 아버지의 지게에 얹혀 외가로 가는 산길을 탔다. 몇 개의 고개를 넘고 얕지만 서덜 지대인 물길도 건너야 하는 왕복 육십 리가 족히 되는 먼 길이다.

아버지는 외가에서 목수였던 외당숙과 함께 나무를 다듬고 자르고 못질하여 책상을 만들었다. 며칠 만에 두 개의 서랍까지 달린 튼튼한 앉은뱅이책상이 만들어졌다. 서랍을 여닫을 손잡이는 외할아버지가 장에 가서 손수 골라 오셨다. 하회탈을 닮은 웃는 얼굴 모양의 손잡이였다. 아버지는 다 만들어진 책상을 다시 지게에 짊어지고 집으로 돌아왔다. 하지만 아버지는 책상 앞에서 딸들이 공부하는 모습을 한 번도 보지 못했다.

엄마의 머리에 하얗게 내려앉은 세월의 무게만큼, 앉은뱅이책상에도 사십 년간의 보이지 않는 더께가 눌어붙었다. 세 딸이 받아 온 통지표가 수십 번 그 서랍을 들고 났다. 볼펜 대에 끼운 몽당연필이 다 닳아야 구경할 수 있었던 문화연필을 넣어두는 자리도 그 서랍 속이었다. 엄마가 달력 뒷장에 삐뚤빼뚤 적어둔 가계부가 들어 있기도 했고 자기 전에 단물 빠진 껌을 붙여놓기도 했다. 다 자란 딸들이 객지로 떠난 후, 집이 헐리기 전까지는 낡은 장롱 대신 무거운 이불을 짊어지고 자리를 지켰다.

세월과는 상관없이 단단했던 앉은뱅이책상이 젊은 부부가 흙벽돌을 찍어내 지었다는 초가와 함께 사라졌다. 세상 구경 반 세기를 눈앞에 두고서였다. 부엌 살강 틈으로 뒷집이 보이기 시작했다. 뒷문을 열지 않아도 뒤란이 훤히 보이고 부뚜막 위 천장으로는 하늘이 비집고 들어오기 시작하는 것을 보니 그해 장마를 견딜 것 같지 않았다.

딸 셋이 모이니 몸이 불편한 엄마가 혼자 지낼 만한 작은 집 짓는 일은 쉽게 결정되었다. 모두 다 버릴 것밖에 없다 여겼는데 막상 정든 집이 헐린다고 생각하니 표현하기 어려운 어떤

느꺼움이 소용돌이쳤다. 그 감정들을 담아 둘 물건이 앉은뱅이책상이었다. 수십 년간 고락을 같이했으면서도 어디 하나 삐걱거림 없이 견뎌낸 것은, 왕복 육십 리 길을 오가며 새겨두었을 아버지의 소리 없는 주문이 스며서일지도 모른다는 생각에 미치자 마음이 급해졌다. 묵은 때를 벗겨 내고 사포로 다듬어 페인트칠해서 다시 책상 본연의 모습을 되찾아주겠다는 야무진 계획까지 세워두었다.

그러나 앉은뱅이책상은 멀리 떨어져 살던 내 차지가 되지 못했다. 매일 벼름벼름하기만 하다가 맘먹고 연락했을 때는 이미 늦어서 다른 물건들과 함께 사라진 뒤였다. 무엇이든 놓친 것에 대한 마음은 더 애절한 법이다. 차가운 쇠붙이 달린 가벼운 상을 펼 때마다 앉은뱅이책상 생각이 간절했다. 그렇게 엄마에게 새집을 지어 드리며 아버지 같은 오래된 책상을 잃었다. 잃고 나서 생각하니 방 한구석에 자리를 잡고 단단히 버텨 준 앉은뱅이책상은 부재한 아버지 대신이었다. 또 아버지가 짊어진 지게였으며 아버지의 튼튼한 어깨였는지도 모른다는 생각이 사실처럼 다가와 마음을 저몄다.

튼튼한 다리를 가진 탁자 앞에 앉아 어린 시절 앉은뱅이책상을 생각한다. 흔들리는 등잔불을 앞에 두고 일기를 쓰느라 머리카락을 그슬리기도 하고 숙제도 했는가 하면 다리를 배배 꼬며 엄마가 불러 주는 대로 객지에 있는 친척들께 편지도 썼다. 때로는 다락에 숨겨놓은 먹을 것을 찾으러 올라가고, 한밤중 천장 속에서 운동회하는 쥐들을 쫓느라 의자대용으로 쓸 때도 있었다.

　책상을 잃어버리고 나서 돌아본 추억들이 추억 그 이상이었다는 것을 뒤늦게 새록새록 깨닫는 중이다. 껌 종이가 다닥다닥 붙어있는 곳에 그 시대의 문패처럼 낙서들이 꿈틀거리는 낡은 책상, 이미 불쏘시개가 되었거나 어느 허름한 창고 안에 갇혀 있을지도 모른다. 하지만 내게는 작은방을 지키던 듬직한 모습 그대로 언제까지나 기억될 것이다. 늘 마음에 담고 살아왔던 아버지처럼.

2013. 여름

또 다른 이름

　얼마 전 학교 행사를 마친 후 가진 뒤풀이 장소에서의 일이다. 두 분 선생님을 모신 어려운 자리임에도 분위기가 제법 흥겨워졌다. 그때, 비교문학을 전공한 선생님께서 관상에 대한 생각을 밝히다가 자연스레 호(號)에 관한 이야기로 옮겨가게 되었다.

　처음에는 이름 이야기로 물꼬를 튼 것이 어느새 각자의 외모에서 풍기는 분위기를 살피기에 이르렀다. 그리고 저마다 부족한 부분을 채워주고 넘치는 부분은 덜어내어 조화를 이루는 이름을 하나씩 지어주기 시작하셨다. 어떤 친구는 강한 분위기를 중화시키는 이름을 받았고 뚜렷한 점을 찾기 힘들다는 한 친구는 귀까지 보이기도 하였다.

　우리는 술기운에 주신 것이니, 이건 분명 제자를 놀린 것이라면서도 한편으로는 의미 있는 것이라 여기기도 하였다. 나중에는 스승님이 주신 것이니 소중하게 간직하겠다며 각자의 컵 받침 뒷면에 손수 써 달라는 청까지 넣었다.

 매화의 분위기가 느껴진다는 말을 덧붙여 내게 주신 이름은 '반유(盤流)'였다. 제자가 글쓰기를 시작했다 하니 이왕이면 너럭바위같이 붙박여 앉아 유유히 흐르는 물처럼 글을 쓸 수 있도록 노력하라는 의미였다. 퇴계 선생의 <반타석(盤陀石)>이라는 시 가운데서 두 글자를 딴 것이라는 부연설명이 붙었다.

누렇고 탁한 물이 도도히 흐르면 문득 형체를 숨겼다가
잔잔하게 물살 흐르면 비로소 분명히 형체를 보이네.
사랑스러워라, 저처럼 날뛰며 부딪는 물결 속에서도
천고에 반타석은 구르거나 기울어지지 않는구나.

 퇴계 선생이 세운 도산서원 앞에 큰 못이 있었다. 선생은 이 소(沼) 이름을 탁영담(濯纓潭)이라 했다. 소(沼) 안에 너럭바위가 있었다. 바위는 누렇고 탁한 물이 흐를 때면 그 형체를 드러내지 않지만 맑은 물이 흐를 때면 비로소 자신의 모습을 드러냈다. 퇴계 선생은 숨어 살면서도 주체성을 잃지 않는 자신의 모습을 그 바위에 비겨 이 시를 지었다.

 선생님은 내 그릇의 크기를 모르지 않으셨을 것이다. 그러나 '반유(盤流)'라는 이름을 주신 것은 어떤 일이든 은근과 끈기로 버텨야 한다는 의미가 아닐까 생각했다. 나는 취중 진담에 기대 선생님이 주신 이름을 잘 간직하기로 마음먹었다.

'호(號)'라고 하면 교과서에서나 볼 수 있었던 위인들이 먼저 떠오른다. 지금도 큰 명예가 있거나 뛰어난 예술인들을 생각하게 된다. 하지만 그날 일을 계기로 이름 대신 부를 수 있는 또 다른 이름으로서의 '호(號)'를 생각해보게 되었다.

삼국시대부터 사용되기 시작한 호는 다양한 방법으로 지었다. 가장 많은 수를 차지하는 것은 소처이호(所處以號)다. 자신이 거처하는 지명을 따서 짓는 방법이다. 퇴계(退溪), 연암(燕巖), 다산(茶山) 등이 이에 속한다.

자신이 추구하는 인생목표와 의지가 들어있는 것으로 소지이호(所志以號)도 있다. 정유재란 때 의병을 모아 왜군과 싸우다 전사한 조종도는 생전에 경서에 밝음과 함께 해학을 즐겼기에 호도 대소헌(大笑軒)이다.

자신이 처한 환경이나 여건을 표현한 것으로는 소우이호(所遇以號)가 있다. 고려 때 학자인 문익점은 나라의 국운이 떨치지 못하는 것과 신성한 학문이 사라지는 것, 그리고 자신의 도(道)가 서지 못하는 것을 근심하여 삼우거사(三憂居士)라 짓기도 하였다.

자신이 가지고 있는 것 중에서 아끼거나 즐기는 것을 호로 삼을 때는 소완이호(所玩以號) 또는 소축이호(所蓄以號)라 했다.

조선 시대 때 허진은 거처하던 집 주변에 있던 우거진 대숲이 임진왜란에 불타 없어진 아쉬움을 달래고자 그림과 시를 짓고 죽촌(竹村)이라는 호를 지었다.

가장 많은 호를 지닌 분은 누구였을까. 조선 시대 인물로는 500여 개의 호를 지닌 추사 김정희 선생이 유명하고 현대 인물로는 <사향(思鄕)>을 지은 초정 김상옥 시인으로 이십여 개의 호가 있다고 한다.

태어나면서 부모로부터 받은 이름은 그 사람의 얼굴이나 마찬가지다. 그런가 하면 나이 들어 만들어진 분위기는 또 다른 얼굴이 된다. 때로는 자신이 원하는 것들로 말미암아 얼굴 모습이 변하기도 한다. 요즈음은 '호' 만들기 운동을 벌이는 단체도 있다. 이상과 취향, 정서를 담은 또 다른 이름 '호'. 자신을 돌아보고 반영하는 거울이 될 이름으로 하나씩 지어 계영배처럼 여기는 것도 괜찮겠다.

반유(盤流). 부모가 지어주신 이름, 또 친구들이 가볍게 부르던 별명, 거기에 또 다른 이름 하나 더 얻었다. "매화는 가장 일찍 피는 꽃일 수도 있으나 가장 나중에 피는 꽃일 수도 있어." 매화를 좋아한다는 친구가 한 말이다. 가장 일찍 피는 꽃과 가장 나중에 피는 꽃 사이에서 길을 잃지 않으려면 너럭바위처럼 내 자리를 잘 지켜야겠다.

2009년 여름

때

 두 여학생이 휴학 후 배낭여행을 떠났다. 휴학 한 번 없이 대학 졸업하는 것이 이상한 일이 된 지금이지만, 이들이 떠난 이유는 조금 달랐다. 아니 아주 많이 달랐다. 취업을 위한 자격을 쌓으려는 배낭여행이 아니었기 때문이다. 유럽이나 멋진 풍경을 자랑하는 곳을 선택한 것도 아니었다.
 그들은 장르를 택해 열심히 글을 써야 할 시기인 3학년생들이라고 했다. 문예창작과라면 반드시 글쓰기에 몰입하여 공모전에 대비해야 하는 '때'라는 것이 있다고 한다. 그때가 바로 3학년이다. 하지만 둘은 학교와 사회의 망 속에서 옴짝달싹 못하는 삶이 아닌 '내가 주인인 시간을 가지려고.'라는 이유로 휴학계를 냈다. 단짝이었던 둘은 학교를 떠나야겠다는 생각이 일치한 것을 알게 되자 각자 에어컨 조립공장과 일식집에서 일하기 시작했다. 그렇게 몇 달 동안 학비와 생활비, 여행경비 마련을 위해 돈을 모았다.
　기사를 읽으며 세 번 놀랐다. 처음엔 괄호 안의 숫자였다. 스물을 갓 넘긴 나이에 국내도 아닌 해외 오지로 자기 자신의 시간을 찾으러 떠날 생각을 했다는 것에 입을 다물지 못했다. 그때 생뚱맞게도 《잃어버린 시간을 찾아서》라는 프루스트의 책 제목이 떠올랐다. 용감하게 도전했으나 반의반도 채 읽지 못하고 덮었던 책이라 제목만 강렬하게 머릿속에 박혀있다. 과연 그 친구들은 자신만의 온전한 시간을 찾아 돌아왔을까 궁금했다.
　두 번째는 둘이 절친한 친구이면서도 네팔과 인도를 목적지 삼아 각자 떠난 것이다. 자신만의 시간을 찾기 위한 여행이니 그럴 수 있다 해도 둘이 함께 다녀도 될 텐데라는 부모 된 입장에서의 노파심이 앞섰다. 열흘도 한 달도 아닌 두 달을 혼자 다니다니, 과연 그들의 부모는 한 번에 승낙했을까. 신문에 실린 티 없이 맑은 모습의 그녀들 사진을 다시 보았다. 기특하고 당차다는 느낌이 보태졌다.
　세 번째로 놀란 것은 인도는 배낭여행객이 성폭행을 당했다는 뉴스가 종종 나오는 곳이기 때문이다. 부분만으로 전체를 단정 짓는 편견일 수도 있으나 자주 이슈화된다는 것은 그만큼 위험하다는 말도 된다. 네팔 또한 국토 대부분이 산악과 구릉으로 이루어져 있다. 한편으로는 고생도 많이 했겠으나 또 다른 아름다운 모습들이 있어 자신이 주인인 시간을 보냈을 것이라는 생각도 들었다.

여행길에서 만나 찍은 단 한 장뿐인 사진과 학교 교정에서 둘이 찍은 사진을 번갈아 봤다. 그들은 대학 3학년을 앞두고 떠날 '때'라는 것을 느꼈고 주저 없이 계획을 잡고 경비를 마련하여 출발했다. 아마 그때가 아니면 어떤 상황이 자신들의 발목을 잡을 것만 같았을지도 모른다.

그들이 생각한 적당한 '때'는 따로 있는 것이 아니라 자신들이 만드는 것이라 여겼을 것이다. 하지만 자식을 기르는 입장인 나는 그들의 부모 마음을 헤아리지 않을 수 없다. 두 달 동안 얼마나 마음을 졸이고 있었을까. 절친한 친구인 그들이 여행 중 서로의 얼굴을 본 것은 갠지스 강 유역 바라나시에서의 만남이 유일했다. 그곳은 한국에서 출발하며 약속했던 장소이기도 했다. 선머슴처럼 바가지 머리를 한 소녀와 실로 뜬 모자를 쓴 소녀가 불빛 앞에서 환히 웃고 있었다. 여행 중 처음이자 마지막으로 찍은 사진이라고 했다.

여행에 앞서 가장 먼저 챙기는 게 카메라이고 그도 여의치 않으면 휴대전화 배터리와 충전기부터 가방에 넣기 마련인데 그들은 거기서 단 한 장만의 사진을 찍었다. 또래 젊은이들이 흔히 찍는 셀카나 인증사진 하나 없는 이유는 여행 목적에 맞게 눈으로 세계를 보려 했기 때문이라고 했다. 바라나시에서 함께 일주일을 보내고 서로의 갈 길로 떠난 그들은 한국으로 돌아와 다시 만났다. 돌아왔다는 대목에서 나도 모르게 안도의 숨을 내쉬었다. 두 학생을 가르쳤던 교수의 '훌쩍 큰 어른이 앉아있었다.'라는 말 때문이었을까. 학교 캠퍼스에서 찍었다는 사진 속 그들의 환한 얼굴에 바라나시에서 찍은 사진 속 미소가 겹쳐 보였다.

　우리는 때에 맞춰 살아간다. 밥도 때에 맞춰 먹고 잠도 때맞춰 잔다. 아기가 뒤집고 기며 걷는 것도 때가 있고 농작물 씨를 뿌리고 약을 주며 김을 매고 거둬들여야 하는 것도 절기상 때에 맞춰야 한다. 살아오면서 '때'라는 말을 참 많이도 들었다. 아마도 가장 많이 듣고 자란 말은 '공부에도 다 때가 있다.'라는 말이 아니었을까. 그러나 나는 때에 맞춰 공부하지 못한 축에 든다. 그래서 늦게 시작한 공부에 불이 붙었고 그 재미에 밥을 해야 할 때를 놓치기도 여러 번이었다.

　지금 공부만은 '때'가 없는 것이 되었다. 아직 태어나기도 전인 뱃속의 아기와 함께 공부하는 엄마가 있는가 하면 망구의 나이에도 가방 둘러메고 도서관에서 공부삼매경에 빠지는 분도 있다. 평생 학습의 시대가 되니 이젠 배우는 것에 때를 정하지 않는다. 고교 졸업 후 취직부터 하고 공부를 천천히 시작하는 젊은 친구도 있고 대학을 갔으나 1학년 마치고 입대를 하더니 제대 후엔 학교가 아닌 직업을 택한 친구도 봤다. 대학을 졸업

하고 취직해서 모은 돈을 털어 원했던 나라로 어학연수를 떠나는 친구도 있다. 이제 공부에 대한 '때'는 큰 틀을 벗어나지 않는 한, 내가 만들 수 있는 것이 되었다.

 누군가 말했다. 20대는 세상이 원하는 것과 내가 원하는 것을 조율하며 찾아가는 '때'라고. 수많은 '때'에 밀려 자신이 나갈 출구를 찾는 청춘들, 그녀들처럼 나만의 시간을 찾는 통찰력과 혜안을 위해 소중한 끼니때 또한 놓치지 말길 바란다. 이건 먹는 때를 챙겨야 하는 엄마의 마음이다.

 어느새 점심때가 다 되었다. 오늘 반찬은 강된장에 요즈음 한참 '때'인 상추와 호박잎쌈이다.

2015. 여름

때 117

선물

　함께 걷고 이야기하며 같이 느낄 수 있는 사람이 있다면 세상을 다 가졌다 해도 과언이 아니다. 마음껏 걷지 못하는 가족이 있는 사람에게 걷는 일은 그래서 더 소중하다. 걷기와 여행은 서로 나눌 수 없다. 그중 여행은 오래 간직 가능한 생의 소중한 선물이다. 물론 아쉬운 점도 있고 가끔은 잊고 싶을 만큼 후회스러운 일도 생기지만 아쉬움과 후회 때문에 더 오래도록 기억하고 그로 말미암아 성숙해질 수 있어서 멋지다.

　여(汝)자 닮은 여자도(汝自島)를 두 발로 걷고 나서 한동안 내 머릿속에는 섬이 둥둥 떠다녔다. 아니 머리 위에 섬을 이고 다녔다는 것이 맞겠다. 교회 종탑을 지키는 수호천사 같던 종려나무가 바람에 흔들리고 대숲 우거진 오솔길에 핀 제비꽃 빛깔이 점점 더 짙어져 갔다. 붉은 인동으로부터 섬의 울타리 같앉던 비파나무 너머로 보이던 바다가 앨범 속 사진으로 펼쳐졌다. 석양이 아름답다는 와온 바다로 가는 길을 밝히던 천 년 고목 은행나무가 생각나기도 했다. 그리고 앞으로 우리보다 더 오랫동안 살아갈 향나무, 탱자나무, 비파, 송악과 팽나무, 그 곁의 멀구슬나무가 무의식중에 내 안에 똬리를 틀었고 나는 한 번씩 그들의 안부를 궁금해했다.

어느 곳이든 아름답지 않은 곳이 없겠으나 아름답다고 느낄 수 있는 건 길을 걷는 자의 마음이 열릴 때이다. 새로운 풍경을 보고 낯선 사람들과 만나고 그들의 발길이 닿은 곳을 밟으며 소통할 때 비로소 한 장의 사진처럼 추억이라는 그림이 완성된다.

어느 칼럼니스트는 제대로 살기 위해서는 두 눈으로 직접 보고 스스로 세상을 해석할 수 있어야 한다고 했다. 그래야 불안하지 않다고. 그래서 돌아다닐 수 있을 때 부지런히 보고 다니며 자신의 두 눈으로 사물의 본질을 통찰하는 것이 존재의 기반이라고 했다. 비단 사물뿐일까. 풍경도 사람도 그 어떤 것도 내가 직접 본 것이 아니라면 허상에 불과한 것이 될 수도 있다. 나는 가끔, 조금 다른 시선과 발품을 팔아 나만의 새로운 이미지를 만들 수 있는 여행을 꿈꾸곤 한다.

요즈음 곽재구 선생의 책 속에 나온 글귀를 접어두고 생각날 때마다 되새겨 읽고 있다. "삶이란 그것을 가꿔갈 정직하고 따뜻한 능력이 있는 이에게만 주어지는 어떤 꽃다발 같은 것이라는 생각을 한다."라는 부분인데 내가 만든 꽃다발은 어떤 색으로 완성될까, 어떤 향기를 품고 있을까를 생각하는 것만으로도 설렌다.

<어바웃 타임>이라는 영화에 나오는 대사도 인상적이다. "인생은 모두가 함께하는 여행이다. 우리가 할 수 있는 건 최선을 다해 이 멋진 여행을 만끽하는 것이다." 멋진 여행을 만끽하려면 더 많이 걷고 보고 생각할 일이다.

인생을 여행으로 여긴다면 팍팍한 삶도 그럭저럭 견딜 만해질 것이다. 가방을 싸고 계획을 세워 멀리 떠나는 것만이 여행은 아니기 때문이다. 내가 사는 옆 마을, 옆 도시를 갈 때도 볼일이라는 생각보다는 여행이라 여기면 사물이 다르게 보인다. 자동차보다 버스를 타고, 걷더라도 가능하면 골목길이나 공원 등 돌아가는 길을 택하면 더 많이 보고 생각할 수 있어 좋다. 그래서 나는 내 안에 숨어있다고 믿는 정직하고 따뜻한 능력을 찾아내 좋은 사람들과 함께 걷고 이야기하며 이 멋진 여행을 만끽할 수 있기를 늘 기도한다.

오늘, 멀리서 온 벗들과 익숙한 산길을 걸었다. 아주 천천히. 공감의 역사를 풀어놓으며 걸어간 숲길에는 그동안 보이지 않았던 새로운 풀과 나무가 보였고 새소리도 들렸다. 혼자서 성큼성큼 앞만 보고 걷던 길을 여럿이 느리게 걸어 시간은 평소보다 오래 걸렸으나 그건 서로에게 주는 선물로 남았다.   2014. 여름

외모는 네모다

한동안 유행하던 양악 수술이 주춤해졌다는 소식이다. 예뻐지긴 했지만, 부작용이 덤으로 따라와 고생하는 사람들이 많다는 뉴스가 심심찮게 들린다. 오래전, 아래턱에 대한 콤플렉스가 있던 나도 한동안 교정에 대해 깊이 고민을 한 적이 있었다. 다행인지 불행인지 여태 잘 살아왔으니 고생하는 것보다 그냥 놔두라는 치과의사의 조언을 받아들였다. 기술이 발달한 요즈음 같았으면 당연히 했을지도 모른다.

딸은 어려서 예쁘다는 소리를 곧잘 들었는데 커가면서 자신의 외모가 마음에 안 드는 모양이다. 어느 날은 코가 오똑하지 않다고 마음에 들어 하지 않더니 한번은 얼굴이 네모라며 경락이 필요할 것 같다는 말을 하기도 했다. 하루는 종아리 알을 보고 친구들이 놀린다며 알 빼는 수술 좀 해주면 안 되겠느냐고 물어온 적도 있다. 안 좋은 것은 닮는다는데 엄마를 닮은 것 같으니 책임지라는 말처럼 들렸다. 별걸 다 신경쓴다며 음료수병을 건넸다. 효과가 있는지 알 순 없으나 부지런히 밀어 보라고 했더니 며칠 열심히 하다가 그것도 시들해졌다.

요즈음 미의 기준은 너무 단순하다. 분명 내면의 아름다움도 미를 빛내는 것 중 하나일 텐데 단시간에 겉모습으로 판단하는 것이 선호하는 즉석 음식 따라가는 것 같다. 예쁘지 않다고 여기거나 스스로 마음에 들지 않는 부위는 화장하듯이 성형으로 고친다. 누군가를 닮은 눈매와 풍만한 가슴과 짱구머리까지, 생각지도 못한 부분까지 파고 들어가는 성형 세상이다.

내가 어렸을 땐, 코가 예쁜 아이, 눈이 예쁜 아이, 키가 큰 아이로 친구들을 기억했다. 어떤 친구는 코스모스를 닮아 그 꽃만 보면 얼굴이 저절로 떠오르기도 했다. 하다못해 감자나 딸기를 봐도 친구들의 특징 있는 얼굴이 생각났다. 그렇게 기억되던, 귀엽고 편안하고 즐겁고 사랑스러운 얼굴들이 요즘은 하나같이 비슷비슷한 얼굴들로 바뀌어 가끔은 닮은꼴의 아름다운 얼굴을 톡톡 튀는 성격으로 기억하기도 한다.

이제 성형수술은 특정한 계층 또는 반드시 해야 할 사람들만의 관심사만은 아닌 시대가 되었다. 사고 후 또는 어쩔 수 없이 해야 하는 수술이었던 것이 어느새 취직을 위해서, 결혼을 위해서, 예뻐지기 위해서 등등의 이유를 달아 우리나라를 성형 천국으로 만들었다. 조상 대대로 타고난 손재주에 재건

수술보다는 예뻐지기 위한 성형수술이 많다 보니 자연 의사들의 실력도 늘게 되어 외국에서 찾아오거나 초빙을 해가기까지 한다.

참여하는 세대도 다양해서 초등학생부터 나이 든 어르신들까지 가세한 성형의 바람, 그 끝은 어디일까. 모두 비슷비슷하게 생긴 이 시대의 미인들은 이다음에 나이가 들면 어떤 얼굴을 갖게 될까. 어쩌면 지금보다 더 큰 대가를 치르게 될지도 모른다. 하지만 오래전 성형중독에 빠졌던 선풍기 아줌마를 다시 예전 같은 얼굴로 되돌려 준 것 또한 성형임을 생각하면 창과 방패가 따로 없다.

되돌아보면 딸의 쌍꺼풀진 눈도 만들어진 것임을 부인하지 못한다. 돌이 되기 전, 딸의 한쪽 눈은 하루에도 몇 번씩 쌍꺼풀이 생겼다 사라지길 반복했다. 남편은 한쪽 눈만 그런 것은 만져주면 괜찮다며 출근하면서 테이프를 잘라 붙여주라고 했다. 내가 요지부동으로 시도조차 해보지 않자 퇴근 후 손수 가늘게 오려 붙인 테이프를 딸의 눈에 붙이길 며칠 하니 신기하게도 쌍꺼풀이 자리를 잡았다.

공자는 "우리의 몸은 부모에게서 받은 것이니 다치지 않는 것이 효도의 시작이며, 출세하여 후세에 이름을 날려 부모를 드러내는 것이 효의 끝이다."라고 하였다. 출세하여 후세에 이름을 날려 부모를 드러내는 것으로 효의 끝을 다하기도 어렵지만 부모에게서 받은 몸을 다치지 않게 조심하는 것 또한 힘든 시대가 되었다. 경락마사지 한번 받아보면 좋겠다던 아이는 그 또한 포기한 모양인지 요새는 크림 바른 얼굴을 손등으로 열심히 문지르고 있다.

2013. 여름

계(契) 하나 맺는다면

　살얼음 언 동치미 국물 맛이다. 목으로 넘기는 시원함을 정강이가 대신 맛보는 중이었다. 그때 온몸으로 전해지는 서늘한 기운 끝에 매미 소리가 한여름 소나기처럼 쏟아졌다. 눈을 떠 보니, 계곡에 앉아 숲 사이로 들어온 햇빛을 등에 업고 물속에 담갔던 발이 선풍기 바람 앞에 있다. 추위보다 더위를 못 견디는 남편이 틀어놓은 인공 바람과 해뜨기 전에 울어대는 쓰르라미의 합창이 꿈 풍선을 터트린 모양이다.
　꽃잎과 나무 이파리를 따서 물에 띄워 보내던 풍류객의 실루엣만이 끓어 넘치는 찻주전자 같은 현실로 돌아와 아쉬움을 남기고 사라졌다. 아침 햇살도 열기로 가득 찬 이런 날은 꿈속에서 발 담근 계곡으로 무작정 떠나고 싶다. 몇 년 전 발 담가 본 밀양의 계곡 물이 새삼 그립다. 가까이에도 탁족을 즐기며 물소리 들을 만한 계곡이 있는데 굳이 그 먼 곳의 물소리가 그리운 연유는 무엇일까.

  그것은 얼음골에서 내려온 시원한 물길 따라 놓여있던 평상에 대한 기억 때문일 것이다. 자연석은 아니지만 물 위에 뜬 커다란 접시 모양의 쉼터는 그 자리에 앉아 있으면 어떤 일이라도 다 포용하고 잊을 수 있을 것 같았다. 누워서 손을 뻗치면 잡힐 것 같은 나뭇가지가 한들한들 춤까지 추고 있는 모습은 마치 한 번도 보지 못한 선경 같았다. 특히 가벼운 돗자리 하나 달랑 펴고 누워있는 사람들에게서는 신선의 그림자가 느껴지기도 했다. 그해 여름, 우리는 그 최상의 자리에 들지 못하고 물가 바위에 비스듬히 앉아 탁족을 즐기며 평상을 탐내기만 했다. 불편한 자리에서도 소일거리 없이 온종일 앉아서 흘러가는 물만 바라보아도 좋았던 것은 물과 새와 바람 소리 그리고 좋은 사람들 덕분이었다.

  그 곳에서 옛날 선비들이 즐겼던 '시계(詩契)'라도 한번 열린다면 좋겠다. 시계가 벌어지는 동안 탁족을 즐기며 구경한다면 어떨까 하는 생각만으로도 이 더위를 잠시 잊을 수 있다.

  조선 선비들의 시계 모습은 《뜻밖의 한국사》에서 엿볼 수 있다. 시작은 우선 마음이 맞는 선비들끼리 날을 정해 경치 좋은 곳에 모이는 것이다. 그리고 그날의 운을 띄워 시를 지으며 노는데 이런 모임을 빛내는 것은 풍류에 걸맞게 만들어진 시계(時計)장치다. 그 옛날 시계가 있을 리 만무하나 풍류를 즐기는

계(契) 하나 맺는다면

선비들답게 곁에 시종(侍從) 대신 시종(時鍾)을 만들어 둔다.

긴 끈에 엽전을 묶어 근처의 나뭇가지에 길게 매어 늘이는데 이것이 시종 장치다. 그 끈 중간에는 향나무를 꽂아 놓는다. 향나무에 불을 붙이면 시를 쓰기 시작하고 서서히 타들어 가다 일정한 시간이 지나 끈이 끊어지면 밑에 놓인 놋대야로 엽전이 떨어지게 된다. 그러면 시 쓰기를 마쳐야 한다. 향나무의 길이에 따라 시간이 달라지겠지만 은은한 향이 퍼지는 것만으로도 놋대야에 엽전 떨어지는 소리 듣기 전에 시 한 편 내놓을 것 같은 풍경이다.

옛날에는 선비들의 시계 외에도 다양한 계가 많았다. 계는 한다고 하지 않고 뭇는다고 했다. 내가 어릴 때의 일이지만 친정엄마도 계를 뭇었다. 돈이나 쌀을 모아 주는 계처럼 힘을 한 쪽으로 몰아주는 두레도 있었다. 오늘은 윗말 누구네 밭을 매고 내일은 아랫말 누구네 밭을 매는 식이니 돈 타는 계보다 빠른 것이 품앗이로 엮인 두레가 아니었을까.

더 오래전으로 거슬러 올라가면 청상과부들만의 청상계도 있고 젖이 나오지 않아 못 먹는 아이를 위한 젖계도 있다. 동갑인 사람들끼리 뭇는 갑계도 있는데 요즘에는 같은 운동이나 취미를 즐기는 동갑내기끼리 'O 띠 모임' 식으로 옛날처럼 갑계를 만들어 즐기기도 한다. 그뿐만 아니라 과거에 함께 붙은 동기끼리 뭇는 '방계'도 있다.

많은 계중에서도 가장 눈길을 끄는 것은 단연 '시계(詩契)'다. 옛사람들이 만든 계(契)중에 이것만큼 멋진 것이 있었을까. 근래에 물가는 아니지만, 도원에서 옛 선인들이 풍류를 즐기듯 시회(詩會)를 연 시인들의 이야기를 읽은 적이 있다. 몇 번을 읽다 보니 마치 내가 그 자리에라도 있었던 것처럼 느껴질 정도다. 주최 측은 시회 일정을 미리 알려주고 사람보다 먼저 시를 받아 둔다. 시가 도착한 순서대로 모아 묶되 지은 사람 이름을 지우고 대신 번호를 달아둔다. 시회 당일에는 모인 순서대로 돌아가며 읽고 가장 좋다 여기는 한편과 반대로 여겨지는 한편을 적어내면 그것을 합해 장원을 뽑는다. 숫자가 지은이 대신이라지만 시의 분위기만으로도 누구 것이라는 것을 가늠했을 것 같다.

그런데 그날 장원은 아무도 예상치 못한 시인이 차지했다고 한다. 그런 반전이 있어 더 흥에 겨운 자리가 되었음직하다. 사람들은 놀라움보다 장원에게 주어지는 상품에 더 탐을 냈다고 하는데 바로 제철에 나는 최상품 복숭아였기 때문이다. 그것도 매주 품종을 달리하여 택배로 보내주는 것이었다니 입맛 당기는 상품이다. 단물 뚝뚝 흐르는 복숭아 한 입 베어 물 때마다 시어가 툭툭 튀어나오진 않았을까. 그래서 시인들이 상품에 더 욕심을 냈을지도 모른다.

빡빡한 일상에 매인 현대인들에겐 어떤 계가 어울릴까. 조선 선비들의 시계나 현대 시인들의 시회도 좋지만, 그냥 마음 놓고 쉬는 일은 못되겠다. 하여 굳이 이름 붙여 본다면 한계(閑契)라 지으면 어떨까. 얼음골 물가 평상에 돗자리 깔고 시간을 베고 누웠던 사람들처럼. 재주 이전에, 즉흥적으로 무언가를 하는 데는 숙맥인 내게 시계나 시회는 엄두도 못 낼 일이지만 한계라면 흉내 정도는 내 볼 수 있을 것 같다. 참을성이 한계(限界)에 다다른 입추 지난 불볕더위에 서늘한 곳으로 떠나는 한계(閑契) 생각으로 더위를 잠시 식힌다. 매미들은 여전히 소리도 요란하게 한낮 더위를 부채질하고 있다. 새벽에 울던 쓰르라미와는 소리가 다른 것을 보니 저들도 시간 정해 끼리끼리 모여 계를 하는가보다.

2011. 여름

웃는 꽃

꽃다발을 받았다. 크지는 않지만 여러 가지를 섞어 묶어 살펴보는 재미까지 쏠쏠한 기분 좋은 선물이다. 조금씩 다른 향기를 맡다 보니 눈이 밝아지고 머리까지 맑아지는 것 같다. 주로 장미, 국화, 안개지만 낯은 익은데 이름을 모르는 꽃도 있다. 그중에서도 유난히 눈길을 끄는 꽃이 있다. 정확히 말하면 꽃이 아니고 열매다. 꽃받침 날개를 아래로 내려 익을수록 색이 짙은 열매를 친정집 마당에서 본 적이 있다.

친정집 좁은 마당가와 울타리 아래에는 여러 가지 꽃들이 어우러져 피고 진다. 잘 꾸민 온실도 아니고 그렇다고 무리를 이루어 핀 것도 아닌데 모두가 예쁘고 반가운 꽃들이다. 그것은 저마다의 이름을 떠나 그곳까지 와서 뿌리내리게 된 사연을 가지고 있기 때문이다.

살피꽃밭을 벗어나 농로 옆 물구멍 곁에 자리 잡은 설악초는 집 근처 밭에 농사지으러 오는 분이 얻어다 준 꽃이다. 오토바이를 타고 오며 가며 들러 물도 마시고 동네 소식도 전하는 고마운 분이다.

그런가 하면 곧은 대나무처럼 큰 키에 정갈한 꽃을 피우는 석죽화는 사과를 사러 갔던 과수원에서 덤처럼 따라왔다. 꽃을 볼 때마다 사과 파는 일보다 꽃씨 나누는 일에 더 기분 좋아 안마당으로 달음질치던 아주머니의 얼굴이 떠오른다.

이른 봄 수선화와 함께 가장 먼저 꽃을 피우는 하얀 꽃잔디는 건넛마을 친구분이 나눠주신 것이다. 무엇이든 나눌 것만 생기면 챙겨 들고 찾아오시니 엄마에게는 날개 같은 분이다.

작년 어버이날, 씨를 얻지 못해 읍내 오일장에서 화분으로 사다 드린 금낭화는 올봄부터는 마당 한쪽에 제대로 자리를 잡았다. 일일초라는 이름보다는 일본 봉숭아로 불리는 꽃은 멀리 부산 사돈댁에서 왔다. 올 때는 서너 뿌리였지만 그동안 분가해 나간 것을 줄 세운다면 작은 마당을 가득 채우고도 남을 것이다.

그 외에도 퇴비장 옆에 자리 잡은 채송화와 과꽃, 배추밭 고랑과 옹굿나물 곁에 자리를 잡은 키 작은 패랭이며 부추 사이에 고개 내민 천일홍까지. 심지어 퇴비장 옆의 폰폰 달리아와 화초 해바라기도 모두 이웃과 친구, 심지어 얼굴도 모르는 많은 사람의 온기를 담고 있다. 꽃 하나하나마다 인연 하나씩 씨처럼 매달렸다. 뽑아내지 않고 보살피는 주인의 정성을 아는 까닭인지 꽃들과 푸성귀는 사이좋은 친구처럼 잘 어울린다.

 씨를 날리는 여느 꽃들과 달리 한 자리만 고수하는 몇몇 꽃들 가운데 시선을 끄는 꽃이 있다. 바닷가 사는 엄마의 친구분이 부러 찾아와 전해주고 간 꽃이다. 함께 소를 키우는 노총각 아들이 엄마 친구가 꽃을 좋아한다는 말을 듣고 아낌없이 한 뿌리를 떼어주었는데, 꼭 사람이 웃는 것 같다고 해서 '웃는 꽃'으로 통한다. 그러나 도시에선 활짝 핀 꽃보다는 빨간 열매일 때 꽃꽂이로 제값을 하고 있다.

 하지만 이 꽃은 활짝 피었을 때가 제일 예쁘다. 그 모습은 티 없이 환하게 웃는 사람 얼굴을 닮았다. 엄마는 샛노랗게 활짝 핀 꽃의 웃는 모습에 반해 많이 아프고 힘들어도 물주는 일은 절대 거를 수 없다고 한다. 그런데 옮겨와서 뿌리를 내린 지 꽤 되었는데도 곁가지 치기를 주저해 주인을 애태우고 있다. 분양을 기다리는 사람들은 많은데 단 한 뿌리뿐이니 마음이 쓰이는 것이다. 몇 년을 기다리다 외국 꽃이라 번식이 쉽지 않다는 쪽으로 결론을 내렸다. 그래도 봄만 되면 다른 꽃들보다 더 정성을 들인다. 그것은 풍성한 꽃을 보기 위한 것도 있지만, 이웃과 나누기 위해 포기하지 못하는 기다림 때문이다.

 우연한 기회에 화원에서 소담스럽게 모여 있는 웃는 꽃 열매를 보게 되었다. 직원도 모르겠다는 이름을 꽃집 주인이 오기를 기다린 끝에 알아왔다. 외우기도 어려워 집에 오며 잊어버릴까 봐 수첩에 적어다 엄마께 드렸다. 그런데도 사람들이 꽃 이름을 물어보면 늘 '웃는 꽃'이라고 일러준다. 그럴 때마다 이름을 다시 알려 드려도 소용이 없다. 할 수 없이 언제부터인가 나도 그렇게 부르고 말하기 시작했다. 그런데 웃는 꽃이라 불러주면서부터 샛노란 꽃 빛깔이 더 선명하게 살아나는 것처럼 보이니 신기한 일이다.

하긴 선플라워보다는 해바라기가 정겹고 셀비어보다도 깨꽃이라 부르는 것이 편안하듯이 어려운 외국 이름 대신 '웃는 꽃'이라 부르는 것도 괜찮겠다. 그렇게 자꾸 불러주다 보면 알음알음 퍼져 나가 해바라기, 깨꽃처럼 또 다른 우리 이름이 되지 않을까. 우리 가족은 이제 '하이베리콤'이라는 이름 대신 웃는 꽃이라 부른다. 웃는 꽃은 누구라도 한번만 보고 돌아설 수가 없다. 웃는 것 같아서 빙그레 따라 웃고 돌아서려다 다시 한 번 바라보게 되는 꽃, 활짝 핀 꽃 치고 웃는 것 같지 않은 꽃이 없겠으나 이 꽃은 묘한 여운을 남긴다.

오늘도 마당 가에 주저앉은 채 꽃들 사이 잡초 뽑고 있는 엄마께 이웃집 아저씨가 지나가며 한 마디 한다.

"아이구 웬만큼 허유, 풀들이 욕허겠슈."

꽃나무 한 그루에 나름대로 이름 붙여주며 정성을 들이고 하찮은 잡초들에도 인격을 부여하는 그분들 가까이 가면 파릇

한 풀냄새가 나는 것 같다. 좁다란 살피꽃밭, 그 좁은 곳에 뿌리내린 것들도 이름을 불러주고 가꿔주는 만큼 잘 자라 탐스러운 꽃을 피운다. 누군가에게는 하찮은 것일지라도 불러주는 이와 부름 받는 꽃 사이에는 하나의 길이 생기고 의미가 만들어지듯 사람과 사람 사이에도 보이지 않는 길이 있다고 믿는다.

 오늘도 엄마는 '하이베리쿰'이라는 낯선 이름 대신 '웃는 꽃'이라 불러주며 꽃 진자리 차지한 빨간 씨앗으로 눈길을 보낸다. 부름에 대답하는 흔들림은 바람에 의한 것이 아니라 꽃이 스스로 만드는 몸짓이라 여기는 엄마의 굽은 다리 근방으로 떨어지는 노을도 웃는 것 같은 저녁이다.

2011. 여름

거위벌레의 톱질처럼

 팔월의 마지막 날, 결승점을 목전에 둔 달리기 선수처럼 한여름 더위가 기승이다. 비가 그치자 기다렸다는 듯 강한 햇빛이 후텁지근한 지열까지 끌어올리고 있다. 마치 사람이 가진 인내심의 한계를 끌어올리려는 조물주의 시험 같다. 더위 이길 방법을 궁리하다가 중무장하고 밖으로 나간다. 작은 가방에는 읽던 책 한 권과 물 한 병 그리고 돗자리까지 챙겨 넣는다. 가는 길에 산모기 퇴치용 스프레이도 하나 샀다.

 종종걸음으로 산림욕장 입구에 들어서자 한 줄기 바람이 이마의 땀을 훑고 지나간다. 나무들 사이로 사라진 바람의 뒷모습이 벌써 선선하다. 바람이 지나간 방향에서 제법 많은 양의 물이 길 위로 흘러내리고 있다. 며칠 동안 내린 비가 등산로까지 넘쳐 걷기 불편할 정도지만 이제야 자신들의 예전 물길을 찾은 것인지도 모른다는 생각이 든다. 물을 피해 길섶의 마른 자리로 걸음을 옮긴다. 평소에 눈에 띄지 않았던 이삭여뀌의 기다란 꽃자루에 빨간 꽃이 다닥다닥 붙어있다. 천천히 걸으며 잘 살펴봐야만 제대로 보이는 꽃이다. 덕분에 곁에 선 물봉선 빛깔이 더욱 화사하다.

제철 만난 꽃들에 눈길을 주고 있는 그때 머리 위로 무언가 툭 하고 떨어진다. 이 계절, 나무 위에서 떨어질 것이라곤 벌레뿐일 거라는 생각에 모자를 벗어 던지며 발까지 동동 구른다. 하지만 수선 떤 것이 민망하게 발 밑에 떨어진 것은 벌레가 아닌 작은 참나무 가지다.

땅바닥에 내던진 모자를 집어 드는데 열매를 매단 채 떨어진 가지들이 수북하다. 오래되어 제 빛을 잃은 것, 발에 밟혀 흙투성이인 것, 지금 막 떨어진 것 등 같은 나뭇가지인데 색깔은 제각각이다. 하지만 한결같이 작은 가지 끝에 열매를 한두 개씩 매달고 있다. 고개를 들어보니 등산로 주변이 온통 참나무 가지들로 덮여있다. 참나무 중에서도 주로 신갈나무와 상수리나무가 많다. 조금 전 가지를 떨어뜨린 나무를 올려다보지만, 나무는 아무 일도 없다는 듯 시침 떼고 서 있다. 자신이 한 일이 아닌 데다 그저 작은 가지 하나 내어줬을 뿐이니 무슨 일이 일어났는지 모를 만도 하다.

땅에 떨어진 작은 가지들은 모두 도토리거위벌레의 종족 번식을 위한 의식 중의 하나다. 도토리나무엔 해충이지만 도토리

나무만을 천적으로 삼는 도토리거위벌레에게는 최상의 안식처이며 보금자리가 되어 줄 것들이다. 거위의 목을 닮은 긴 주둥이를 가진 거위벌레들은 주로 나무 이파리에 알을 낳은 후 잎을 돌돌 말아 놓는다. 하지만 도토리거위벌레는 나무 이파리가 아닌 도토리 열매만을 이용해 번식하기에 도토리거위벌레로 불린다.

도토리거위벌레는 통통한 도토리 열매 뚜껑 부분에 길다란 침을 이용해 구멍을 뚫는다. 그런 다음 그 구멍에 알을 낳고 끈적끈적한 액으로 입구를 막는다. 마지막으로 톱니 모양을 가진 입을 이용해 나뭇가지를 톱질하듯 천천히 잘라낸다. 1.5cm 정도 크기의 거위벌레가 두 시간을 쉬지 않고 작업을 한다. 그렇게 땅으로 떨어진 열매 속의 알은 일주일 후 깨어나 도토리 속을 파먹고 자라다 3주 후에 땅속으로 들어간다. 그리고 번데기가 되어 겨울을 나고 다시 이듬해 봄에 어른벌레가 되는 것이다.

참나무가 봄을 맞아 잎을 틔우고 꽃을 피워 열매를 맺는 동안 도토리거위벌레는 천천히 나무를 타고 올라가 가지 끝으로 움직인다. 그리고 자신의 마음에 드는 알맞은 크기의 열매가 달린 가지를 고른 후, 열매에 구멍을 뚫어 알을 낳는다. 그런 다음 톱니 같은 이로 줄기를 잘라 땅으로 내려 보내는 것이다. 아비 벌레는, 어미 벌레가 알을 보호하기 위해 날개 달린 열매를 톱질하여 땅에 떨어뜨릴 때까지 지켜본다고 한다.

단 몇 줄로 끝나는 도토리거위벌레의 일생이다. 비록 해충에 속하는, 벌레라는 이름을 가진 작은 곤충이지만 그 끈기와 정교함을 가진 종족 번식방법이 놀랍다. 도토리거위벌레가 참나무 위로 오르기까지는 또 얼마나 많은 시간이 걸렸을까. 도토리거위벌레의 탄생을 위한 의식이 내가 산길을 걷는 동안에도 계속되고 있을 것으로 생각하니 걸음이 느려진다. 고개를 들어올려 나무들을 올려다보니 백 미터 달리기를 전력으로 질주하다 멈춘 것처럼 숨이 가쁘다. '아! 나도 모르는 사이 또 빨리 걷고 있었구나.'

한 살씩 더 먹을 때마다 나이와 시간에 모터가 달린 것만 같다. 조금 여유를 가지려 하면 조바심이 먼저 찾아오고 생각하기 위해 나선 길에도 자꾸만 발걸음을 재게 뗀다. 내 얼굴에 책임을 져야 한다는 불혹지년을 맞은 것이 엊그제 같은데 그 강의 끝자락에 서서도 여전히 달음질을 치고 있다. 오죽하면 내 뒤를 따라오던 스무 살, 한창나이인 아들로부터 이젠 여유 있게 걸으셔도 되지 않겠느냐는 따끔한 충고 같은 말을 다 들었을까. 그렇다고 개미 콤플렉스에라도 걸린 것처럼 쉬지 않고 열심히 살아서 쌓아놓은 게 있는 것도 아닌데 늘 바쁘다. 아니 바쁜 척하는 것일 게다. 어디 걸음만 빨라졌을까. 도미노 게임이라도 하는 것처럼 걸음이 빨라지니 말이 빨라져 생각의 깊이가 없어진다. 그러다 보니 음식도 급히 먹게 되고 책을 읽어도 노루 글 읽듯 건성일 때가 많다. 그 허함을 달래고자 산책을 나서서도 결국은 종종대며 걷고 나 보고 싶은 것만 보고 다녔다.

더 좋은 열매를 차지하려고 경쟁을 하거나 더 빨리 오르기 위해 안간힘을 쓰는 도토리거위벌레도 있을까. 그런 조급한 마음 때문에 알을 슬어보기도 전에 다시 땅 밑으로 떨어지는 녀석들도 있을까. 가던 길을 멈추고 가만히 쭈그리고 앉아 움직이는 도토리거위벌레를 찾아보지만 쓸데없는 일이다. 한 번도 실물을 제대로 본 적 없는, 눈에 잘 띄지도 않는 작은 곤충 한 마리가 가던 길을 멈추게 한다.

인디언들은 말을 타고 달리다 이따금 말에서 내려 자신이 달려온 쪽을 한참 동안 바라본다고 한다. 그것은 말을 쉬게 하려는 것도 자신이 쉬려는 것도 아니다. 행여 걸음이 느린 자신의 영혼이 따라오지 못할까 봐 기다려주는 배려라고 한다. 아무 생각 없이 내가 달음질치듯 살아오는 동안 내 영혼은 어디쯤 따라오고 있을까.

더위와 한바탕 싸움이라도 벌일 듯 나섰던 길인데 어느새 무장해제다. 가벼운 맘으로 다시 산길을 걷기 시작한다. 이번엔 의식적으로 참나무 가지들을 피해 간다. 시나브로 걸음이 느려지니 서둘던 마음에 여유가 들어서기 시작한다. 그 마당에 힘들게 쫓아오고 있을 내 영혼을 위한 자리를 만들어본다. 숲에 들어와서야 다른 사람의 속도가 아닌 나 자신만의 리듬을 조금씩 찾아가는 느낌이다. 느리지만 정교한 거위벌레의 톱질을 상상하며 심호흡을 한다. 그리고 걸음마를 다시 시작하듯 천천히 한발씩 앞으로 내디딘다. 발끝으로 전해지는 땅의 기운이 조금씩 느껴지며 땀과 상관없이 온몸이 시원해지기 시작한다. 다 마음먹기 나름이다. 그러니 앞으로는 나의 느린 계절을 다른 사람의 이른 계절과 바꾸려는 어리석은 욕심은 범하지 말자고 다짐한다. 슬근슬근 거위벌레의 톱질 속에 여름이 저문다.

2011. 여름

무궁화

　무궁화씨 하나가 베란다 앞 공터에 싹을 틔웠다. 말라버린 포도나무 줄기 옆에 제대로 자리를 잡은 덕분에 뽑히지도 않았다. 어린나무는 쑥쑥 자라 한 해 만에 제법 키 큰 나무가 되었다. 여름이 되자 사방으로 뻗은 줄기에 매단 푸른 잎이 한낮 뜨거운 햇살도 제법 걸러줄 만큼 자랐다. 밤에는 가로등 불빛에 흔들리는 모습이 보기 좋아 불을 끄고 한참을 바라보기도 했다.

　그러던 어느 날부터 우듬지를 높여가던 줄기 끝이 앙상해지기 시작했다. 가까이 다가가 보니 진딧물 천국이다. 진딧물은 촘촘하게 엉키다시피 자란 가지를 타고 빈틈없이 세를 불려 놔두면 유리도 갉아먹을 기세다. 그대로 두면 무궁화나무가 아니라 진딧물나무가 될 것 같아 가위로 줄기만 남은 가지들을 뭉텅뭉텅 잘라냈다. 서둘러 잘라낸 가지들을 모아 나무 밑에 쌓아놓고 집안으로 들어왔다. 들어와 보니 진딧물이 무서웠는지 나무에 미안했는지 모양 잡을 겨를 없이 잘라놓아 쥐가 파먹은 상고머리를 뒤집어 놓은 것처럼 되고 말았었다.

올해 다시 꿋꿋하게 키를 높이기 시작한 무궁화나무. 보란 듯이 사방으로 품까지 넓히더니 드디어 가지마다 꽃망울을 주렁주렁 매달았다. 꽃피는 철이 되기도 전에 진분홍꽃 몇 송이를 피웠을 때는 내게 주는 선물처럼 느껴졌다. 그것을 신호로 쭉쭉 뻗은 가지마다 푸른 종처럼 매달렸던 꽃망울들이 불꽃놀이 하듯 소리 없이 피고 지기 시작했다.

아침마다 커튼을 열면 새벽녘에 피어난 꽃이 햇살처럼 수줍게 볼을 붉히며 다가왔다. 유리창을 사이에 두고 쪼그려 앉아 바라보면 분홍 꽃잎이 더 선명했다. 수술을 감싼 다섯 장의 꽃잎은 어린 아기를 품에 안은 엄마의 모습처럼 포근해 보였다. 한편으로는 아무도 근접하지 못할 위엄도 있었다. 위엄과 포용의 꽃빛은 한낮이 되면 세상을 향해 꽃잎을 활짝 열었다. 그러다가 저녁때가 되면 스르르 꽃잎을 닫고 송이째 낙화하곤 했다.

날마다 꽃 보는 일에 설레던 어느 날, 피고 지는 꽃과 푸른 잎 사이에 뭉툭한 작은 옹이들이 있는 게 보였다. 작년에 진딧물에 범벅된 웃자란 가지들이 잘린 자리였다. 나무의 굳은살 같은 옹이를 보고 있는데 뜬금없이 아들 생각이 났다. 내 품에서 떠난 아이의 부재를 말 없는 식물에서 느끼게 되다니 조금은 황망했다. 그만큼 무엇에나 의미를 부여하고 싶은 것이 군에 간 아이를 둔 어미의 마음인가 싶으니 피식 웃음이 났다.

잘려나간 가지 끝마다 아문 상처처럼 남아 있던 작은 옹이. 아들이 어렸을 때, 잘못하면 어르고 타이르다 결국 매를 들었다. 불쑥불쑥 내미는 곁가지를 쳐낼 때마다 내 가슴에 쓰린 상처가 하나둘씩 생겼다가 아물고 흉터처럼 아픔이 남곤 했다. 보이진 않지만, 아이의 마음에도 그런 옹이가 몇 개쯤은 있을 것이다.

그렇게 자란 아이가 군에 갔고 며칠 전, 면회를 다녀왔다. 두어 달 만에 만나는 아이는 적당히 검게 탄 얼굴로 힘차게 달려와 절도 있게 내 품에 안겼다. 덥석 끌어안는 순간, 등의 딱딱한 감촉이 느껴졌다. 목울대가 울컥하더니 갑자기 눈물이 나왔다. 입교식에 참석하고 집으로 돌아올 때도 담담했었다. 한 달을 훌쩍 넘긴 후에 녀석의 땀내가 고스란히 남아 있는 옷가지들을 받았을 때도 흘리지 않았던 눈물이다.

큰아이와 성향이 다른 작은아이를 어떻게 키워야 할지 난감했던 나는 옳지 못한 행동을 할 때마다 그냥 넘어가지 않았다. 때로는 같이 맞서기도 하고 가끔은 부드럽게 달래기도 했다. 그것도 여의치 않으면 회초리를 들었다. 매를 든 날이면 새근새근 자는 아이 옆에서 마음 아파하다가 다음날, 멀쩡한 아이와 달리 내가 병이 나곤 했다. 개구쟁이인 것을 걱정하는 내게 남편은 '그 나무에 그 열매가 열리는 법'이란 말로 나를 안심시켰다.

아들은 공부에 대단한 흥미가 있진 않았어도 중학교 시절부터 꾸준히 운동을 하더니 결국 가장 힘들다는 특전사에 지원했고 무사히 교육을 마쳤다. 면회시간이 끝나고 연병장으로 향하는 아들의 손을 잡아봤다. 손등엔 새로 긁힌 상처와 아문 상처가 엇갈려 추상화를 그리고 있고 뒤집어본 손바닥의 감촉은 나무토막 같다. 여기저기 생긴 굳은살이 집 앞 무궁화나무에 생긴 옹이처럼 시커멓고 단단하다. 손등과 손바닥을 번갈아 살펴보는 나를 보고 아들이 괜찮다며 씩 웃었다. 그 모습이 이제 마음속에 돋아나는 곁가지를 스스로 쳐낼 줄 아는 어른이 되어가는 것 같아 미쁘기도 했다.

면회를 다녀온 며칠 후, 아침에 일어나 보니 지난밤 강풍 속에 내리던 작달비를 견디지 못한 무궁화 가지들이 축축 늘어져 있다. 나도 모르게 휘어진 가지를 향해 손을 뻗었다. 생각 없이 덥석 내민 손이 유리창에 막히니 잡히지 않는 가지가 흡사 집 떠나 있는 아들 같다. 빗물에 닦인 말간 유리창 너머로 늘어진 무궁화 가지가 너울거렸다. 옹이를 덮고 푸른 잎과 꽃봉오리를 무성하게 매단 무궁화나무를 보면 아들이 생각나고 아들을 만났던 날에는 무궁화나무가 생각났다.

예쁘다고 친정 마당에서 꽃나무를 몇 그루 뽑아다 심은 적이 있다. 잘 자라는 것이 예뻐 거름만 주고 곁순을 따주는 대신 풀만 뽑아 주다가 제대로 된 꽃 보기에 실패했다. 속상해하는 내게 친정엄마가 한마디 했다.

"식물은 웃자라면 열매도 부실허게 열리구 비바람에 견뎌 내질 못혀. 젓가지를 잘 쳐 줘야 튼튼하고 색깔 짙은 꽃을 피운다니께."

뇌의 변화를 연구하느라 수천 명의 십대 아이들을 대상으로 MRI를 찍은 교수가 있다. 그 결과, 뇌는 평생 불필요한 부분을 스스로 가지치기한다고 한다. 특히 청소년기에는 격한 가지치기가 이루어지는 시기였다. 제멋대로 자라는 곁가지를 쳐내는 일은 식물과 사람 모두에게 필요한 일이다.

하루가 저물고 꽃이 진다. 하지만 내일 아침, 해는 또 뜰 것이고 무궁화도 또 새로운 꽃을 피울 것이다. 날마다 피고 지는 무궁화처럼, 아이도 아이 같은 어른인 나도 제대로 된 가지치기를 통해 탐스러운 꽃을 피우고 열매를 맺으며 비바람에 흔들리지 않는 튼튼한 나무가 될 것을 믿는다.

화려한 꽃송이 축제를 여는 무궁화나무 사이로 여름이 저물고 있다. 어느새 가을이 가깝다.

2008. 여름

달

　방바닥에 깔린 은은한 빛이 눈 부시다. 빛에 끌려 거실로 나가니 가부좌를 튼 달이 물결처럼 일렁인다. 고고한 자태의 달빛 안으로 들어가지 못하고 그 앞에 마주 앉는다. 하늘을 올려다보니 구름 한 점 없는 맑은 하늘에 보름달이 두둥실 떠올라 환하게 웃고 있다. 더위와 줄다리기를 하던 여름에 만난 달도 저랬던가. 달은 그대로인데 계절의 경계에서 맞는 말복과 입추, 처서를 보내는 달의 모습이 저렇게 다를까. 고요 속에 내려앉은 달빛이 할머니의 쪽 찐 머리처럼 함함하고 차분하다.
　달빛은 극과 극이 다 좋다. 가느다란 초승달은 마음껏 채울 수 있어서 좋고 꽉 찬 보름달은 푸짐하고 밝아서 좋다. 달만 보면 크기와 상관없이 마음이 설렌다. 달을 좋아하는 한 친구는 밤새도록 바라봐도 질리지 않아 자신이 그 안에 들어가 있는 것 같을 때도 있다고 한다. 오늘같이 선뜻한 기운이 도는 밤엔 추울까 봐 이불 덮어주려 달 향해 팔 벌리고도 남을 친구다. 그 친구에게 편지라도 쓰고 싶은 밤이다.

간밤 달이 환하기에 박제가를 찾아가서 데리고 집으로 돌아왔지요. 집 지키던 사람이 이렇게 말하더군요. "풍채 좋고 수염이 난, 누런 말을 탄 손님이 벽에다 글씨를 써놓고 갔습니다." 등잔으로 비추어봤더니 바로 그대의 글씨입니다. 손님 온 것을 알려주는 학이 없음을 한하고 문에다 글을 쓰는 봉황이 있음을 기뻐하였지요. 미안하고 송구하오. 이후 달 밝은 밤에는 감히 밖에 나가지 않을 작정입니다.

홍대용이 연암 박지원에게 보낸 편지다. 달밤의 운치를 같이 느끼고자 연암이 홍대용을 찾아갔다. 역시 달빛이 좋아 이웃 친구를 청하러 간 홍대용이 그사이 연암이 다녀간 것을 알고 보낸 편지다. 달을 바라보고 느끼는 감정은 예나 지금이나 다르지 않다. 손님이 오면 밖에 나간 주인에게 날아가 알려주는 학을 기르던 선비를 부러워할 만하다. 벽에 글을 써놓고 간 친구를 봉황에 비유하며 벗을 위로하는 마음이 달빛 같다.

달 뜨면 오시마고 임은 말했죠
달 떠도 우리임은 아니 오시네.
아마도 우리임 계시는 곳엔
산 높아 저 달도 늦게 뜨나 봐.

조선 시대 능운이라는 기생이 오지 않는 임을 기다리며 읊은 한시다. 오지 않는 임을 원망하기보다는 산이 높아 달이 늦게 뜨는 것이라며 자신을 위로하고 있다. 아무리 밝아도 흐린 낮만 못하다는 달빛에는 어떤 기운이 있을까. 옛날 술과 시와 달을 좋아했던 이태백은 호수에 비친 달 잡으려다 영원히 그달 속으로 들어갔다. 소동파는 달에 가지 못하는 육신에서 혼만 빼내어 달 속 궁전인 광한전(廣寒殿)에 보냈더니 혼이 감기만 얻고 돌아와 기침한다고 읊었다.

18세기 조선에 살았던 여류시인 오청취당은 서산으로 시집을 가 고단한 삶을 살았는데 늘 달을 보며 꿈을 꾸었다고 한다. 스물아홉, 짧은 생을 살다간 그녀도 달에 관한 시를 많이 남겼다. 옛날 서해의 섬으로 귀양을 간 선비는 밤하늘의 달빛이 자줏빛으로 보여서 그 섬 이름을 자월도라 했다는데 모처럼 그 섬에서 하루를 보내게 된 적이 있었다. 낮에 돌아본 섬의 아름다운 풍경을 보면서 밤을 기다렸다. 불빛도 드문 섬의 밤은 썰물 때라 파도 소리도 들리지 않아 적막하기 이를 데 없었다. 초저녁부터 들락날락하다가 드디어 둥실 떠오른 자월도의 달을 만났다. 하지만 바다 위로 뜬 달은 자줏빛 달이 아니었다. 쟁반만큼 크지도 붉지도 않은 작은 접시 같은 달이었다.

일 년 가까이 해적의 소굴에 잡혀 있다가 얼마 전에 풀려난 화물선 선장 또한 밤에는 달을 보며 견뎠다고 한다. 달이 뜨고 지는 모습을 보며 살아있는 자신에게 힘을 준 것 같았다. 자월도의 선비도 그런 마음이었을 것이다. 저 달을, 내가 사랑하는 사람들도 보고 있겠거니 하며 집에 가고 싶은 염원을 담아 자신만의 자줏빛 달빛 수를 놓았을지도 모른다.

　이다음에, 잠이 오지 않아 마음 심란한 밤에 또다시 달을 마주하더라도 어젯밤 같은 그런 기분을 맛보기란 쉽지 않을 것같다. 계절의 갈림길과 저무는 팔월의 곁을 지키며, 모기도 입이 비뚤어진다는 처서로 가는 길목에서 만난 달. 여름내 눅눅해진 옷이며 책을 볕에 내다 말리고 마음을 내려놓으라는 불가의 가르침이 아니라도 오늘은 모든 것들을 내다 널어 보송보송하게 말리고 싶다. 계절은 그냥 찾아오는 것이 아니라 고요히 마음을 깨우치며 다가온다. 그리고 깨우침은 해를 봤을 때보다 달 아래서 더 깊어진다.

2013. 여름

목소리

　가끔 외모만 보고 사람을 판단할 때가 있다. 비슷한 모습을 지닌 사람으로부터 피해를 보았을 땐 예외 없이 나쁜 쪽으로 생각을 몰아버린다. 반대로 외모가 아닌 목소리만으로 상대의 성격을 파악할 때도 있다. 같은 말이라도 하는 사람에 따라 느낌이 다르게 들리기 때문이다. 그래서 호감과 비호감을 목소리만 듣고 결정하는 오류를 범한다. 하지만 종종 이미지와 목소리가 생각했던 대로 일치하는 때도 생기니 정답은 없다.
　얼마 전, 필요한 책을 구할 수 있는지 알아보기 위해 서점에 전화를 걸었다. 다행히 몇 권은 구할 수 있는데 재고 정리 중이라 곧 창고로 내려보낼 것이라 했다. 친절한 직원의 목소리에 용기를 내어 6시까지 방문할 테니 꼭 빼놓아 달라고 부탁했다. 그러나 시간을 맞춰 찾아가지 못했다. 당연히 책은 치워졌을 것으로 생각했다. 책을 구하지 못한 아쉬움과 함께 "꼭 오서야 해요."라던 직원의 목소리가 귓전을 울렸다.

며칠 후 다른 볼일을 보러 서점 근처에 갔다. 혹시나 하는 마음에 서점에 들렀다. 직원에게 목록을 보여주며 구할 수 있는지 물어보니 잠시 기다려보라며 창고로 내려갔다. 상기된 얼굴로 돌아온 그의 손에 여러 권의 책이 들려있다. 내 얼굴과 책을 번갈아 보던 청년이 계산대 곁에서 같은 책 몇 권을 꺼냈다. 며칠 전 이 책을 부탁한 손님 아니냐고 묻는데 "꼭 오셔야 해요."라던 목소리와 같았다. 노트에 또박또박 글자를 눌러 쓰는 것처럼 차분하게 말하던 청년의 목소리가 얼굴과 닮았다는 생각이 잠시 들었다. 그날 오지 못해 미안하게 되었다는 내게 전화 목소리와 같아서 생각났다며 웃는 얼굴이 해맑다.

목소리는 보이지 않는 얼굴과 같다. 수필가 김소운 선생은 목소리에는 확실히 성격이나 나이, 교양이 있으며 심지어는 용모나 직업까지도 나타나서 멀리서도 음성만으로 그 사람의 윤곽을 짐작할 수 있다고 했다. 그날 내가 책을 빼놔달라고 부탁할 수 있었던 것은 청년의 목소리가 주는 편안함이 있어 가능했다. 그 또한 내 목소리에서 꼭 오리라는 믿음 같은 것을 느꼈는지도 모른다. 나는 가지 못했으니 기대도 하지 않았는데 청년은 기다리고 있었다. 거듭 미안하다 말하는 내게 괜찮다며 더 필요한 건 없느냐고 묻는데 목소리만큼 표정도 밝았다.

어른들뿐만 아니라 어린 우리도 좋아했던 가수가 있었다. 친구들은 우리 민족의 정서를 고스란히 담아놓은 것 같다는 애조 띤 그 가수의 가느다란 목소리를 곧잘 흉내내곤 했다. 아이들은 당시 왕성한 활동을 하던 그가 죽으면 미국에서 뇌를 가져가 목소리를 연구할 것이라는 이야기도 했다. 양지바른 냇가 잔디밭에 앉아 삘기를 뽑다가 그 말을 듣고 슬그머니 집으로 돌아왔다. 빈집에서 혼자 울고 다시 나가 친구를 부르는데 내 목소리가 비에 젖은 것처럼 들렸다.

 우는 것은 눈가만 젖는 것이 아니라 목소리까지 적셨다. 나이가 들며 목소리도 변하기 마련이라지만 일흔을 넘긴 지금도 변하지 않은 고운 목소리로 정정하게 노래를 부르고 있는 그분을 볼 때마다 그때 일이 생각나 웃곤 한다.

 한동안 생김새와는 다르게 미성을 가진 가수의 노래에 푹 빠졌던 적이 있다. 사람들이 흔히 말하는 미남의 기준에 낄 수 없는 외모인데도 나는 그를 멋지다고 말했다. 가슴으로 부르는 것 같은 노랫소리와 해맑은 웃음은 미남의 기준에 부족한 그의 외모를 상쇄시키고도 남을 만큼 아름다웠다.

 얼마 전 신문에 1급 시각장애를 가졌지만, 일반중학교에 임용된 교사들에 관한 기사가 실린 것을 보았다. 이들은 목소리만 듣고도 성격이 밝은 아이, 반항적일 것 같은 아이, 순할 것 같은 아이들로 각각의 이미지를 기억한다고 했다. 백오십여 명의 아이마다 표정이 있는 목소리를 가지고 있다는 이야기다.

이렇게 목소리는 환경에 따라 조금씩 다르게 들리기도 하지만 자신의 본성을 깔고 있다.

손가락에 지문이 있듯이 목소리에는 성문이 있다. 비슷한 목소리 같아도 주파수 분석 장치에 의해 복잡한 무늬를 그리며 다르게 나타나기 때문이다. 그 사람만이 가진 독자적인 모양은 목소리 주인을 가려내는 데 유용하여 주로 범죄인을 밝혀내는 데 이용된다. 지문만큼 확실하지 않아 오판 가능성도 있지만, 앞으로는 은행 계좌의 인출에도 이용하기 위해 연구되고 있다는 소식이다. 어느 대학에서는 대리출석을 막는 방편으로 지문 출석을 시도한 곳이 있는데 사생활 침해를 이유로 반대도 만만치 않다고 한다. 하지만 앞으로는 발전해 성문을 통한 음성인식으로 출결 여부를 확인할 날도 머잖아 올 것이다. 집에 들어갈 때는 손가락을 갖다 대지 않고도 "문 열어줘!"라는 말 한마디만으로 문이 저절로 열리는 날도 곧 오지 않을까.

목소리만 듣고 상대방의 상황을 가늠할 수도 있다. 아픔을 드러낼 수는 없지만 적적하다거나 외로울 때의 목소리는 분명 다르다. 이렇게 옷차림도 아니고 행동도 아닌 목소리만 듣고도 사람의 의식 흐름까지 훑어볼 수 있다. 아무리 숨기려 해도 기분까지 드러내고 마는 목소리. 과연 나는 사람들에게 어떤 목소리로 기억되고 있을까.

한 번도 본 적 없는 청년이 기억하는 내 목소리는 어땠을까.

올 것이라는 믿음을 줬기에 며칠 동안 책을 보관하고 있었던 게 아닐까 생각하면 아직까지도 미안한 마음이 사라지지 않는다.

2013. 여름

2009년 8월, 학의천 십 리길

 달빛과 가로등 불빛이 어깨동무 한 밤이다. 편안한 운동화를 꺼내 신고 이어폰까지 챙겨 집을 나선다. 엊그제 비가 그쳤을 때 무지개가 걸렸던 하늘인데 오늘 밤은 달과 별이 총총하다. 살갗을 스치는 기분 좋은 바람에 좀 전까지 아팠던 어깨의 통증도 잊어버린다.
 학의천으로 가기 위해 구름다리를 오른다. 키 작은 내게는 정말 하늘로 오르는 구름다리다. 하늘에 닿는다 싶을 때 맞은 편 아파트들보다 먼저 관악산이 보인다. 구름다리 위로는 이제 막 피기 시작한 회화나무 꽃도 하늘에 가까워 절로 심호흡을 하게 된다. 내리막길엔 학교 교정도 기웃거린다. 튤립나무엔 어느새 꽃봉오리가 길게 매달렸고 능소화는 나그네처럼 구름다리에 기대 잠을 청하고 있다.
 내가 주로 이용하는 학의천으로 가는 산책로는 두 가지다.

한가람마을 삼성아파트 앞 징검다리를 건너 맑은 내까지 가서 반대편 길을 이용해 돌아오든가 아니면 그 반대로 걷는 것이다. 어떤 방법으로 가더라도 천천히 걸으면 한 시간, 십 리 길이다.

며칠 전까지만 해도 물에 살짝 잠겼던 징검다리가 오늘은 그 모습을 드러냈다. 다리 사이로 흐르는 물소리가 거칠다. 콘크리트로 만든 튼튼한 징검다리를 건너뛰며 어릴 적 건너던 돌다리를 떠올린다. 미끄러져 그대로 물에 빠지기도 했고 일부러 흔들어보기도 했던 다리다. 그래서인지 미끄럽거나 흔들릴 염려 없는 이 길쭉한 징검다리를 건널 때마다 석관(石棺) 같다는 생각을 한다.

징검다리를 건너면 눕는 일도 먼저 일어나는 일도 먼저인 식물들을 만난다. 엊그제만 해도 폭우에 누웠던 물억새와 수크령이 어느새 꼿꼿한 모습으로 일어나 제자리를 지키고 서 있다. 입추가 지나니 밤에 봐도 길게 고개 뺀 수크령의 이삭이 실하다. 가을이 되면 누런 풀밭 사이로 메뚜기 떼들이 폴짝댈 것이다. 곁에 웃자란 갈대를 보며 억새를 생각한다. 물가에 있으면 갈대로 들에 있으면 억새로 기억하지만, 여전히 그 둘을 가려내지 못한다. 사람들이 속한 편에 따라 속 모습까지 단정 지을 수 없는 것과 같다.

울퉁불퉁 자연석으로 만들어놓은 징검다리 곁을 지나며 눈길 주는 곳이 있다. 사람들의 왕래가 뜸한 데다 어두워서 신발에 더듬이 하나 달고 건너야 하는 징검다리다. 가끔 그 맛에 일부러 돌아와 건너기도 한다. 먼 가로등 불빛과 달빛에 의지해 건너다보면 흐르는 물 위로 말 한마디쯤 띄워야 할 것 같은 곳이다. 가슴속에서 덜 삭혀져 채 내려가지 못한 응어리들을 풀어놓고도 싶어진다. 막상 물을 향해 주저앉으면 내가 읊조리기도 전인데 가슴이 먼저 시원해진다.

가끔 속이 상하는 일이 있거나 마음이 아플 때면 전화하는 친구가 있다. 대개는 갑자기 일이 터졌을 때보다는 조금 마음을 추스른 다음이다. 그래서 흥분한 상태는 아니지만, 누군가와 이야기가 하고 싶어질 때다. 처음에는 멋모르고 같이 흥분도 하고 덩달아 많은 말을 했다. 그런데 언제부터인가 말없이 들어주는 시간이 길어지게 되었다. 친구는 속상한 마음을 그렇게 터놓고 나면 기분이 한결 나아진다며 편안해 한다.

살아가다 보면 울퉁불퉁 징검다리도 만나고 편안하게 건너뛰어도 될 돌다리도 만난다. 그 모든 다리가 내가 걷는 학의천 십리 길 안에 다 있다. 미리 생각하고 다리를 놓은 것인지는 모르겠지만, 콘크리트로 만든 징검다리를 지나면 자연석으로 된 징검다리가 놓여있다. 맑은 내와 만나는 지점까지 이런 징검다리를 서너 개 정도 지난다. 마음이 심란한 사람들을 위한 배려인지도 모르겠다. 이쪽과 저쪽의 소통을 돕는 징검다리는 보이지 않는 또 다른 길을 숨겨놓고 있다. 그것은 바로 사람의 마음과 마음을 이어주는 끈이 되어준다. 간혹 골내고 집 나서더라도 몇 개의 다리를 건너 집으로 돌아올 때면 잠시지만 보살의 마음이 되기 때문이다.

산책길에서 가장 환한 곳은 학운공원 쪽이다. 운동장 불빛과 맞은편 조형물 기둥의 불빛이 합쳐져 대낮 같은 곳이라 오고 가는 길 어디서나 찾기 쉬워 만남의 장소로도 이용한다. 키가 다른 열일곱 개의 기둥에 그려진 그림을 사람들은 펜촉 같다고도 하고 곤충을 닮았다 말하기도 한다. 프랑스 작가의 작품이라 적혀 있던 작품 안내판이 겨울과 달리 여름엔 풀숲에 가려 찾을 수 없다. 기름값이 많이 올랐을 때는 이 기둥의 불도 잠시 꺼진다. 안양지역에 설치된 작품이 꽤 많지만, 이 조형물만큼 친숙한 것도 없다. 불빛 덕분에 이곳에서는 사람뿐만 아니라 박주가리꽃도 환하게 보이고 달맞이꽃도 노란빛이 더욱 환해진다.

밤 산책길도 어디쯤에선가 돌아서야 한다. 그 지점은 늘 맑은 내와 만나는 곳이 된다. 다시 오던 길 반대방향으로 길을 잡는다. 지난겨울 누군가의 실화로 무성했던 갈대밭이 타 버린 적이 있는 곳이다. 지금은 새로 돋은 잎들이 무성해 그 겨울 흉했던 모습을 다 감추었다. 다시 길 위로 올라서 왼편에 학의천을 끼고 오른편에 벚나무를 줄 세우고 걷는다. 관리용인 듯

한 나무 이름을 적은 팻말이 가로등 불빛을 받아 반짝거린다. '벗나무'다. 볼 때마다 '벚나무'로 고쳐 부르곤 했는데 어느 날 생각을 바꿨다. 이 길을 걷는 사람들에게 친구 같은 나무가 되라고 일부러 '벗'인지도 모른다고.

   매일같이 글을 써야 하는 어떤 칼럼니스트는 글이 풀리지 않을 때마다 걷는다고 한다. 삼십 분 정도 걸었을 때부터는 저절로 생각들이 정리되기 시작하여 때로는 몇 편의 글감까지 얻게 되기 때문이라고 한다. 나는 물소리, 풀벌레 소리 어우러진 밤하늘을 맘껏 보고 마음을 씻고 싶을 땐 학의천 길을 걷는다. 한국의 걷기 좋은 길 백선(百選)에 오른 길답게 이곳 학의천 길은 내게 많은 것을 생각하게 해준다. 그래서 오늘처럼 부러 저녁 시간을 택해 혼자서 집을 나서곤 한다.

2009. 여름

2009년 8월, 학의천 십 리길

풀을 뽑으며

아침부터 오락가락하던 비가 오후가 되자 멎었다. 가라앉은 공기까지 씻어냈는지 관악산이 산뜻한 모습으로 가까이 다가와 있다. 산 중턱에 걸린 하얀 구름이 손에 잡힐 것처럼 선명하다. 그래서일까, 베란다 홈통으로 들려오는 물소리가 흡사 관악산 계곡 물소리처럼 들린다.

장마가 시작되면서 몰라보게 무성해진 풀밭을 며칠 전 손보다가 물집 때문에 중단했었다. 비가 멎은 틈을 이용해 마무리해야겠다는 생각에 두꺼운 면장갑에 비닐장갑까지 끼고 나섰다. 가위로 긴 머리 자르듯 풀을 싹둑싹둑 베어내니 잘린 씀바귀 줄기에서 하얀 진액이 흘러나온다.

시골집 마당에서 기르던 토끼들이 생각난다. 뽀얀 흰털을 가진 토끼들이었는데, 오늘처럼 비가 온 뒤나 이슬이 마르지 않은 풀은 줄 수가 없어 늘 오후 해거름에나 먹이를 찾으러 집 근처로 나갔다. 먹이라야 토끼풀 아니면 배추이파리 위주였지만, 그중에서도 씀바귀는 토끼가 좋아하는 먹이 중의 하나였다. 먹이 주는 일도 새끼를 친 다음에는 내 차지가 될 수 없어서 엄마가 주는 먹이를 받아 오물거리는 것을 먼발치서 구경만 해야 했다. 시끄럽게 하거나 함부로 움직여 놀라게 하면 새끼를 물어 죽인다고 했다. 스트레스 때문이었을 것이다.

초봄에는 주름잎과 봄까치가 차지하여 질경이는 보이지 않더니 어느새 질경이밭이 되어 있다. 구멍이 송송 뚫린 것을 보니 눈에 보이진 않지만 작은 벌레들 먹이의 역할을 톡톡히 한 모양이다.

질경이는 연한 잎을 뜯어 나물로 해 먹으면 맛있는데 씨앗은 차전자(車前子)라는 한약재로 오줌을 잘 나오게 하고 눈을 맑게 하며 기침을 그치게 하는데도 한몫을 한다. 그래서 농로가나 물가에 흔했던 질경이 씨앗은 어린 시절 용돈을 모으는데도 유용했다. 바람에 날릴까 봐 가위를 들고 다니며 씨앗 줄기를 잘라다 바싹 말린 뒤 비벼 갈색 알맹이만 골라내 모아두면 엄마는 곡식을 돈 사듯 질경이 씨앗을 팔아 다른 것으로 바꿔 오곤 했다. 동생이 애지중지하던 중고자전거를 살 때도 질경이 씨앗 판돈은 일조했을 것이다.

포도나무가 말라버려 속이 상했는데 곁에 떨어진 씨앗이 싹을 틔워 두어 뼘은 자랐다. 가위를 몇 번 갖다 대며 잘라내려던

마음을 바꿔 키워보기로 한다. 비가 자주 온 덕분에 무럭무럭 자라서 눈에 띄게 잎이 넓어져 있다. 난(蘭) 화분에서 뽑아낸 지지대를 찾다 세워주고 나니 뿌듯하기까지 하다. 나무든 꽃이든 열매가 열리는 것은 바라만 보아도 마냥 즐겁다.

  시골집에 뒤란으로 통하는 문을 열면 바로 앵두나무가 두 그루 서 있었다. 그 주위에는 딸기와 머위가 사이좋게 자라고 장독대를 지나면 토마토와 포도나무가 있었다. 여름 한 철 들며 나며 손을 타고 눈을 타서였는지 열매가 굵지는 않았지만 고만고만한 세 자매의 주전부리 역할을 톡톡히 해주었다. 그러던 어느 날, 이파리 뒤에 붙어있던 어른 손가락 굵기만 한 파란 벌레를 본 후로는 포도나무 아래로 절대 들어가지 않았다. 그 기억 때문인지 벌레는 예나 지금이나 여전히 무서운 존재다.

  망초와 여뀌의 무성한 잎 아래 괭이밥의 연한 이파리가 눈에 들어온다. 입에 침이 고인다. 이파리의 신맛을 기억하는 까닭이다. 토끼풀과 비슷하지만 줄기로 번식하지도 않고 꽃도 작고 노랗게 피우며 신맛을 가지고 있는 괭이밥을 우리는 고이성이라고 했다. 하트 모양의 잎이 세 개 모여 노란 꽃을 피우고 봉숭아처럼 바람이나 사람의 손길을 이용하여 번식한다.

  분명 이곳에도 잔디를 심었을 텐데 잔디보다는 잡초라 불리는 풀들이 더 많다. 풀은 아예 손으로 뽑아낸다. 흙덩이 속에 지렁이도 같이 딸려 나온다. 소스라치게 놀라 얼른 흙으로 덮어버린다. 저도 놀라는 모양이지만 덩치 큰 내가 더 놀란다. 그게 신호였나 싶게 다시 빗방울이 떨어지기 시작한다.

한쪽으로 베어진 풀을 모아두고 집안으로 들어서자 천둥이 치기 시작하더니 곧이어 비가 쏟아지기 시작했다. 흙 묻은 손을 씻고 나와 풀이 베어진 말끔한 자리에 떨어지는 빗방울을 보고 있으니 무거웠던 마음이 싸악 사라지며 개운하다. 예전에 콩밭 다 매고 돌아서자마자 내리는 비를 보며 "아이고! 후련허게 내린다."고 하던 엄마의 마음도 이랬을까. 풀 뽑기는 한번쯤 시도해볼 만한 마음 다스리기다.

2007. 여름

3. 가을

산을 읽고 책을 오르다

그설미 지나 업더지 | 우렁손톱의 희망이야기 | 식물들의 반란 | 육철낫
바퀴 달린 집 | 돌탑 | 산을 읽고 책을 오르다 | 남자의 귀걸이 | 탈 쓰는 여자
팽나무 | 해바라기 | 벌레 | 도약을 꿈꾸며 | 무재(無財)팔자, 횡재(橫財)팔자
다슬기국 | 종이를 접으며 | 깃털 달린 영장류, 까치를 바라보다

책 한 권을 가지고 일 년을 공부하는 것과, 같은 산을 일 년 내내 오르며 계절의 변화를 보고 느끼는 것이 크게 다르지 않다. 거미줄처럼 엉킨 마음을 풀지 못해 애태울 때, 슬그머니 책 한 권 꺼내 든다.

그설미 지나 업더지

    수원행 버스를 자주 탄다. 늘 정해진 노선만 이용하는데 그 차만 타면 청룡열차를 탄 것 같아 긴장하게 된다. 시내에서 내닫는 일에 이력이 난 버스는 체증에 툴툴대다가 지지대 고개로 접어들어서야 제 세상 만난 듯 달리기 시작한다. 고개를 오르기 전 '골사그내'라는 정류소를 만난다. 한 번도 승객이 타는 것을 보지 못했지만 오랜 친구 이름처럼 정겹다. 도로 안쪽으로 자리 잡은 아담한 몇 채의 집이 보인다. 산 아래 삼태기처럼 오목하게 생긴 마을이 있고 그 앞으로 흐르는 내가 있어 '골사그내'라는 이름이 지어졌다고 한다. 하지만 오목한 삼태기형의 마을은 도로가 생기면서 제 모습을 많이 잃은 듯하다.

    골사그내를 지난 버스는 지지대 고개 정상부터 곁에 눈길 줄 틈도 안 준 채 줄행랑을 친다. 그래도 오른편 창가에 앉아 놓칠세라 지지대 비각으로 오르는 계단 쪽으로 눈길을 돌린다.

일부러 차를 세우거나 걸어가지 않으면 찾지 못할 곳이다. 고갯길을 조금 비켜선 숲 속에 자리 잡은 비각에선 늘 외로움이 묻어나는 것 같다.

정조 대왕이 아버지를 보러 가는 길에 쉬느라 늦어지고, 다시 돌아가는 길에는 홀로 가는 불효에 마음 아파 자꾸만 뒤돌아보느라 늦어지던 길이다. 돌을 쌓아 작은 대를 만들어 느릴 지(遲) 두 자를 붙여서 '지지대(遲遲臺)'라 이름 지어 지금까지 지지대 고개로 불리고 있는 곳, 그런데 300년이 지난 지금 우리는 누굴 보러 가든 달음질치는 길로 바뀌었다. 늦은 밤 이 길은 속도 무제한을 자랑한다는 아우토반처럼 변한다.

골사그내나 지지대처럼 지명에 얽힌 옛이야기는 재미있기도 하고 쓸쓸하기도 하다. 지금 내가 사는 곳인 평촌은 예전에는 벌말로 부르던 동네였다. 그런데 너른 벌에 벼가 자라고 터줏대감 같은 하우스가 서 있을 때와 달리 아파트가 들어서면서 평촌으로 불리고 있다. 그래서인지 예전에는 거칠 것 없이 너른 벌을 휘감던 바람이 아파트 사이에 갇혀 회오리로 변하기도 한다. 콘크리트 벽으로부터의 탈출을 꿈꾸는 나도 갇힌 바람처럼 가끔은 회오리가 된다. 그럴 때 찾아가는 곳이 태어나 어린 시절을 보냈던 시골집이다. 옛 모습을 많이 잃어버려 기억 속에나 있는 집이지만 변하지 않은 길이며 산만으로도 마음속 바람은 적당히 잔잔해진다.

내가 태어난 동네를 어른들은 '업더지'라 불렀다. 올바르게 부르자면 '업터지', 행정 명으로는 억대리(億垈里)이다. 억 채의 집이 들어설 만큼 좋은 터가 되라는 염원을 담은 이름이라고 했다. 마을에 커다란 구렁이가 서식하고 있기에 앞으로 발전할 징조로 여겨 '업터지'라 불렀다는 설도 있다. 커다란 구렁이의 후손쯤 되었는지 어렸을 때 정말로 초가 마당 안으로 한 마리가 들어온 적도 있었다. 엄마는 점잖은 손님이 올 곳이 아니라며 밖으로 내보냈지만 한동안 담 밑에 세워놓은 작대기만 봐도 흠칫 놀라곤 했다.

업은 가상의 동물이나 사람을 부르는 이름이다. 그러니 업인 구렁이의 덕으로 말미암아 가정과 마을에 살림이 늘어날 것이라 여긴 셈이다. 그것이 맞는 것인지는 몰라도 한동안 특수작물로 널리 이름을 알렸던 마을이 억대리다. 겨울이면 눈이 오지 않아도 온 동네는 하얀 비닐 눈에 덮여 있었다. 집보다 비닐하우스가 더 많았기 때문이다. 그래서 타동 사람들은 부자 동네라 불렀다. 덕분에 겨울이면 부자 동네 변방쯤에 발을 걸친 우리까지 덩달아 용돈 버는 쏠쏠한 재미에 노는 것도 잊었다. 거름을 적당히 섞은 부드러운 흙 만지는 재미는 흙 담긴 봉투가 늘어날수록 배로 늘었다. 한겨울에 훈훈한 비닐하우스 안에서 산뜻하지 못한 쿰쿰한 냄새를 잊을 만큼 열중했던 그 시절 유일한 용돈 벌이였던 셈이다.

작은 천이 마을을 가르고 지나갈 뿐 변변한 동산 하나 없는 벌말이 바로 또 억대리. '동산'에 대한 낭만 같은 것을 가졌던 나는 학교 가는 길에 있던 그설미를 나만의 동산으로 여기곤 했다. 산으로 불리지 못한 낮은 언덕 같은 동산은 아침에 일어나면 가야산 위로 떠오른 해의 품에 먼저 안겼다. 우리는 어린양 하듯 일어날 줄 모르고 길게 누워있는 그설미 옆을 지나 학교를 오갔다. 동산 끝에는 커다란 바위가 있었다. 그설미의 입 같기도 하고 키 같기도 하고 삼태기를 닮기도 했던 바위다. 몇십 년이 지난 지금은 세월과 함께 일어난 풀들이 큰 돌을 역사처럼 덮고 있다. 부르는 것만으로도 편안해지던 그설미. 한동안 어원이 궁금해 검색도 해보고 여기저기 알아본 적이 있다. 결국, 서산지역 지명에 관한 책에서도 찾을 수 없었지만 내게는 유명한 산 못지않게 소중한 동산이다.

예전처럼 걸어서 갈 일 없는 그설미 앞길을 얼마 전 일부러 천천히 지나간 적이 있다. 해미 읍성 사방에 세워진 것 중 하나인 반양리 미륵불을 지나자 밤나무 빽빽했던 작은 시내가 나왔다. 기억대로라면 시내가 굽어 돌아가는 곳에서 시작된 그설미 앞에 이지러진 반달 모양의 논이 보여야 했다. 그런데 최근 그 논에 흙을 채워 조경수로 사용할 소나무를 심어 놓았다. 그러니 이제 동산이 평지가 되거나 평지가 동산이 되게 생겼다. 웨일스 사람들의 자존심인 피년가루에 비할 바는 아니겠으나

나에게는 그만큼 소중했던 그설미를 잃어버릴 날이 머지않아 보인다고 하면 억지일까. 이제는 이름이 변하지 않은 것만으로 위안을 얻어야 할까.

  지지대 고개, 벌말, 업더지, 그설미 모두 숭늉처럼 구수한 이름들이다. 그런데 숭늉 자리를 생수가 꿰차듯 지금은 그 이름을 잃어버렸거나 설사 불린다 해도 옛날의 모습을 많이 상실한 곳들이 되어가고 있다. 자꾸 더뎌지던 이유가 있던 고갯길은 바람보다 빨리 차들이 내달린다. 그런가 하면 억 채의 집이 세워질 것이라던 염원이 담긴 시골 마을은 이제 달리기를 멈춘 듯 고요하다. 하지만 지형은 변했어도 여전히 그설미이고 업더지이다. 그 이름 부르는 것만으로도 마음에 배를 불릴 수 있어 여전히 반가운 곳들이기도 하다. 그래서 막힌 도시의 공기에 숨 쉬는 것이 답답해질 때면 그설미 지나 업더지로 간다.

2011. 가을

우렁손톱의 희망이야기

　손가락 꽃이 활짝 피었다. 문학관 입구, 벽 한쪽에 붙어있는 작가들의 손도장 꽃이다. 고만고만한 길이를 자랑하는 손가락 열 개, 금방이라도 튀어나와 흔들 것 같다. 손가락 끝으로 시선을 옮기니 글자들로 가는 출발선처럼 바짝 긴장한 모습이다. 손가락과 손가락 사이 작은 틈은 작가들이 쓴 책으로 들어가는 여러 갈래의 쪽문처럼 보인다. 손도장 아래 작가 이름이 없었다면 한 사람의 손을 시간을 두고 여러 번 찍어낸 것으로 알았을 것이다. 이름만 다를 뿐이지 남녀노소 구분 없이 작은 손을 가지고 있는 것이 신기하다. 주머니에 들어있던 내 손을 꺼내 펴 본다. 아주 작다. 손도장에 찍힌 실제 손의 크기도 저렇게 작을까 생각하며 한참을 바라본다.
　가까이 다가가 살펴보니 실 같은 손금과 마디까지 선명하여 마치 손바닥 지도 같다. 신기하게도 손바닥 주름 따라 시선을 옮길 때마다 숨은 그림처럼 작가의 작품 이름이 떠오르며 주인공 이미지까지 떠오른다. 움켜쥐었던 것을 풀어놓듯 손바닥을 활짝 펴서일까. 여기서만큼은 작가들이 얼굴 아닌 손으로 자신과 작품을 알리고 있다. 또 다른 얼굴인, 그 작은 손이 수만 가지 이야기를 압축시켜 담아놓은 한 장의 시디롬 같다. 위대한 작은 손이다. 그것은 작품 하나하나마다 몸과 마음의 노고를 마다치 않은 손이기 때문일 것이다.

손도장에 드러나지는 않았어도 여섯째 손가락처럼 튀어나온 옹이 하나씩은 가지고 있을지도 모른다. 최일남 소설가는 오른손 가운뎃손가락에 돋은 옹이가 단단할수록 기분이 좋다고 했다. 그만큼 많은 글을 열심히 썼다는 증거가 되기 때문이다. 만년의 로댕을 관찰 기록한 젊은 릴케는 창작을 하나의 철저한 노동으로 보기도 했다. 작가들의 손이 창작의 노동으로 군살이 박히고 마디가 굵어졌다면 내 아버지와 남편을 비롯한 나의 손은 가족을 위한 노력으로 빚어진 또 다른 노동의 손이다. 아버지와 남편의 손을 생각하며 내 손을 보고 있으면 애틋한 마음에 가슴이 먹먹해진다. 언제부터인가 예쁘고 고운 손 못지않게 노동으로 단련된 옹이 박힌 손도 아름답다는 생각이 들기 시작했다.

언어보다 손짓이 먼저였을 것이라는 유추도 있을 만큼 중요한 게 손이다. 그런데 어느 하나 큰 걸 가지지 못한 나는 손까지 작다. 그리고 아주 못생겼다. 그것도 모자라 짧은 손가락에 마디까지 굵다. 어디 그뿐인가. 손톱은 이지러진 반달 모양의 우렁이 손톱이다. 더구나 웬만한 크기의 우렁이 껍데기에도 못 미치게 작다. 그렇게 작은 손등에 퍼런 힘줄까지 불거져 올라오기 시작하는 걸 볼 때면 손에 미안한 마음도 든다. 그래서 가끔 마사지라는 호사를 시켜보기도 하고 손 전용 로션을 발라보기도 하지만 그렇다고 고와지거나 마디가 가늘어지지 않을 것을 알기에 일회성으로 끝나버리곤 한다. 도화지에 그림을 그리듯 손톱을 가꾸는 것이 예삿일이 된 지금, 나는 마음을 숨기는 일보다 손을 숨기는 일이 더 많다.

  작고 볼품없는 데다 손톱마저도 예쁘지 않은 내 손을 뱃속의 아이가 닮을까 봐 애를 태운 때가 있었다. 그래서 열 달 동안 아이만은 예쁘고 긴 손가락을 가졌으면 좋겠다고 간절히 바랐다. 다행히 태어난 딸아이의 손가락은 가늘고 길었다. 당연히 손톱도 나를 닮지 않았다. 작고 가느다란 다섯 개의 손가락이 내 손에서 꼼지락거리는 것만으로도 행복했다. 조금 더 자라서 피아노를 칠 때는 한 옥타브쯤은 거뜬히 덮고도 남는 가늘고 긴 손가락이 그렇게 예쁠 수가 없었다. 그 길이만큼 게으름이 비례한다는 속설과 남편의 손을 닮았으리라는 생각은 접어두고 딸아이의 손가락을 볼 때마다 무언가 큰일을 해낸 것처럼 우쭐한 마음이 들기도 했다.

작은 손에 짧은 손가락과 우렁이 손톱을 가진 나와 달리 남편의 손은 크고 손가락도 긴 데다 반달도 풍성하다. 그런 그의 손에도 세월이 내려앉으니 닳고 닳은 대나무 갈퀴 같은 손가락 위로 굵은 손마디가 생겼다. 손등을 보면 오래된 흉터도 있고 젊은 날 좋아하던 운동을 하며 얻은 훈장처럼 굽혀지지 않는 새끼손가락도 있다. 그중 작고 푸른 점 같은 흉터는 닫히지 않는 그의 젊은 날로 가는 한 페이지 같다. 이미 지난 일임에도 누군가의 상처를 보는 일은 마음이 아프다. 더구나 그것이 함께 살아가는 남편의 일이 되고 보면 허물어진 벽을 보는 느낌이 들 때도 있다. 살아가며 건드리면 부서져 버릴 모래성 같아 에돌아가는 일이 수없이 많은데 남편의 손에 그려진 숯검정 같은 작은 점도 그중에 하나다.

남편 손에 박힌 숯검정 같은 점을 볼 때마다 아버지의 손이 생각난다. 어려서는 기억하지 못 했던 모습인데 어른이 되어가던 어느 날 갑자기 회오리처럼 의식의 수면으로 떠올랐다. 얼음장 밑으로 봄이 꿈틀대기 시작했으나 아직은 칼바람 부는 이월 하순이었다. 그 매서운 밤 추위와 사투를 벌이던 아버지는 시커먼 논흙만 손바닥 가득 움켜쥐고 말없이 돌아왔다. 급한 대로 흙마루 위에 눕혀진 아버지의 굳은 손가락들을 펴려고 안간힘 쓰던 어른들의 모습까지 퍼즐 조각처럼 하나둘 나타났다.

이승을 떠나기 전 온 힘을 기울여 무언가를 움켜쥐었을 아버지의 손안엔 흙 외엔 아무것도 없었다. 일곱 살이었던 내가 기억하는 것은 아버지의 얼굴이 아닌 흙을 움켜쥔 손이었다. 하지만 그 손안에 있는 것은 흙뿐만이 아니었을 것이다. 그때 아버지의 손안에는 남겨진 가족들을 향한 소리 없는 외침이 담겨있었을 것이고 밖으로 나오지 않는 목소리 대신 누군가를 향해 흔들었을 구원을 바라는 표시인 동시에 자신을 향한 응원의 손짓이기도 했을 것이다.

 어른들은 내가 그렇게 세상을 떠난 아버지의 손을 닮고 손톱도 닮고 마음까지도 닮았다고 했다. 누렇게 빛이 바랜 아버지의 작은 사진이 사라지고 대신 그림으로 남은 아버지의 얼굴에 내 손을 대 본 적이 있다. 손의 크기까지 기억나지는 않지만, 아버지의 작은 손에도 굵은 손마디와 함께 상처 한두 개쯤은 자리를 잡고 있었을 것이라 생각했다. 아버지의 우렁이 손톱을 닮은 내가, 남편의 기다란 손가락과 손톱을 빼닮은 딸의 손에 깍지를 껴본다. 따뜻하다. 딸이 결혼해 아이를 낳으면 그녀석은 누구의 손을 닮을까. 눈에 보이지는 않지만, 딸과 내 손을 통해 과거를 떠올리고 현재를 보며 미래를 그려본다.

 우리 집에는 크고 작은 손들이 모여 산다. 아버지의 작은 손을 닮은 나와 남편의 긴 손가락을 닮은 딸. 그리고 나의 손톱과 남편의 긴 손가락을 고루 섞어 닮은 아들까지.

 손은 노동과 창작 외에도 누군가를 위로하고 마음을 전하기 위해 잡을 때 말 없는 따뜻한 언어가 되기도 한다. 나는 아이들의 손이 의미 있는 무형의 큰 손으로 꽃피기를 바라며 가끔 두 아이의 손바닥에 손도장을 찍고 손등을 쓰다듬곤 한다. 내 손안에서 꼼지락거릴 때 내게 선물이라 여겼던 아이들 손이다. 하지만 엄마의 손 크기를 훌쩍 뛰어넘은 지금은 힘들 때 위로가 되는 듬직하고 따뜻한 손[手]이며 내게 희망이라는 별을 밝히고 있는 가장 큰 손[客]이다.

2013. 가을

식물들의 반란

　친구가 사진 한 장을 보내왔다. 스치기만 해도 물집이 생기고 심한 통증을 유발한다는 사진 속 식물은 뻥튀기한 당귀처럼 거대했다. 크기에 어울리게 조심이 아닌 위험을 강조하는 이 풀의 이름은 '자이언트 하귀드'. 이름하여 큰멧돼지풀이다. 잎은 돼지풀을 닮았으나 꽃은 미나릿과에 속해 당귀에 가깝다.
　독초 중에서도 위험성이 가장 높게 생긴 외모다. 키도 관목을 넘어 교목과 견줄 정도니 꽃의 크기도 만만찮다. 살짝 스쳤을 뿐이라는데 종아리와 손에 퍼진 풍선 같은 물집들이 온몸에 소름을 돋게 하는 사진도 있다. 그 꽃에 대한 공포와 혐오가 생각 외로 심각해 보인다. 다행히 우리나라에서는 발견된 적이 없다니 안심은 된다.
　독성을 내포한 식물은 우리 주변에도 많다. 하지만 큰멧돼지풀만큼 크지 않다. 물론 우리나라에서도 당귀밭에서 일한 농부의 몸에 나타난 홍반과 물집이 생긴 것을 발견하여 당귀와 광독성 피부염의 관계를 규명한 예도 있다. 그러나 살짝 스치는 것만으로 커다란 물집들이 생긴다는 것에는 움찔하게 된다. 이 식물이 주는 공포는 SNS나 개인 블로그를 통해 옮겨지며 부풀려진 경향도 없지 않다.

요새 내가 유심히 살피는 식물은 따로 있다. 그 꽃을 한해 전, 서울의 한 대학교 교정에서 처음 봤다. 멀리서 보았을 땐 작은 솜뭉치 같으면서 메밀꽃처럼 보였다. 가까이서 본 자잘한 꽃송이 모양은 현미경으로 본 눈의 결정같았다. 며칠 만에 찾아낸 이름은 '서양 등골나물'. 산에서 자주 만나는 우리 등골나물과 사뭇 다른 모습이다.

대개의 귀화식물은 토종식물보다 키가 큰데 이 꽃은 그렇지도 않다. 하지만 아담하고 수수한 생김새만 보고 함부로 곁을 내줄 식물은 못 된다. 번식력에서는 어떤 종 못지않은 왕성함을 드러내고 있기 때문이다. 한 해 전만 해도 집 근처에서 이 꽃을 본 기억이 없다. 하지만 올해는 집에서 가까운 산 오솔길 양편을 하얗게 수놓았다. 자주 가는 곳인데 작년에는 군락을 보지 못했으니 한 해 만에 세력 확장에 성공한 모양이다.

예쁘기는 하지만 갑자기 뻥튀기처럼 부푼 꽃들이 왠지 가깝게 여겨지지 않는다. 다섯 개의 꽃잎 위에 다리를 걸친 기다란 꽃술이 금방이라도 전국을 뒤덮을 촉수같이 보인다. 도심의 학고 울타리 안에서도 자라고, 산기슭, 텃밭 가장자리 예제없이 뿌리를 내리는 자생식물 등골 빼먹는 서양 등골나물이다.

십수 년 전, 미국자리공이라는 귀화식물을 보기만 하면 뽑아 버려야 한다고 들었고 나 또한 지인들에게 그리 말한 적이 있다. 독성과 함께 번식력도 강해 생태계를 교란시키는 식물이라는 게 이유였다. 지금은 그리 심각하게 받아들이지 않는 분위기다. 서양 등골나물도 몇 년이 지나면 다른 귀화식물처럼 토종식물과 별반 다르지 않은 대접을 받을지도 모른다. 그러나 이 식물의 번식은 조금 두렵다. 우유병(病)을 일으키는 식물로도 유명하기 때문이다.

글쓴이는 아직 목축하는 지역에서 자라지 않아 걱정할 필요는 없다고 했다. 하지만 씨가 바람 따라 번식을 한다니 거칠 것 없이 도시를 넘어 목장으로 진입하는 것은 시간문제일 것이다. 어린 나물을 베어 먹인 말과 염소, 소를 통해 우유에 들어간 독성물질이 사람을 사망에 이르게 한다는 게 북아메리카에서 밝혀낸 우유병(病)의 원인이다. 소가 먹을 수 있는 풀이면 독초일 가능성이 적다는데 이 풀만은 예외인 모양이다. 더구나 스스로 유독물질을 배출하기도 하여 다른 종들의 자리를 잠식한다니 큰멧돼지풀 못지않게 독한 식물이다.

미국쑥부쟁이가 작년부터 집 근처 안양천에 우후죽순처럼 늘어나고 있다. 키 큰 나무까지 말려 죽인다는 가시박도 하천을 이동통로 삼아 전국으로 퍼져있다. 남부 지방의 국도변에는 미국미역취가 노란 파도처럼 넘실대고 있는 것도 보았다. 몇 년 전 환경부에서 발표한 생태계를 교란시키는 11가지의 식물에 속하는 것들이다.

우리나라 자생식물의 하나인 순비기나무가 있다. 주로 서해 이남의 바닷가에서 볼 수 있는 나무다. 보라색 꽃을 피우는 이 나무를 미국에서 도입해가 어느 바닷가에 심었다. 순비기나무는 자생지보다 따뜻한 그곳에서 왕성하게 자라 해안가를 뒤덮었다. 급기야 무성하게 뻗은 뿌리가 바다거북의 산란을 방해하자 생태계 교란식물로 지정하여 퇴치운동을 벌였다. 자생지와 다른 환경에 적응하며 나타난 현상이다. 식물의 입장에서는 낯선 환경에서 살아남기 위한 몸부림이 다른 동식물의 생장에 위해를 가하는 것인데 이 식물들의 미래는 어떤 모습일까.

우리의 내일을 예측하지 못하는 것처럼 이 꽃들의 훗날을 알 수는 없으나 너무 빠르게 세를 불리는 것이 심상찮고 불편하다. 와락 달려드는 낯선 것에 대한 거부감은 식물과 사람이 다르지 않은 까닭이다. 미리 겁먹을 필요는 없다 해도 당장은 보는 대로 뽑아버려야 할 서양 등골나물. 그 많은 수를 어찌 감당할까 싶다. 씨를 맺기 전에 꽃대를 자르거나 베어버리면 된다지만, 그도 쉬운 일은 아니다.

사람일만큼 식물의 세상도 하수상하다. 이래저래 가을은 짧고 걱정은 긴 계절이다. 산에 갈 때 가위를 들고 가야겠다고 생각했지만, 실천으로 옮기기에는 의지가 그것들의 번식력에 미치지 못했다. 시나브로 '큰멧돼지풀'과 '서양 등골나물'의 공포에서 벗어나 덤덤하게 가을을 나고 있다.

2014. 가을

육철낫

벌초하러 가는 길에 챙기는 것 중 하나가 낫이다. 엄마는 의식 치르듯 며칠 전부터 낫을 갈아 신문지에 곱게 싸놓는다. 그것도 모자라 집을 나설 때는 종이에 감싼 낫을 가방에 조심스레 챙겨 넣는다. 해마다 고집을 세워 동행하던 엄마가 올해는 먼저 안 가겠다고, 아니 못 가겠다고 하셨다. 불편한 몸이지만 손수 낫을 잡아야만 편하다던 분이다. 우리는 벌초 후의 모습을 사진으로 찍어와 보여드리겠다는 말로 안심시켜 드린 후 집을 나섰다. 하지만 산으로 향하는 발걸음은 이전과 달리 빨라졌는데 마음은 무겁기만 했다.

예초기가 풀을 베어내는 동안 새 낫을 챙겨 들고 주변에 무성한 관목들을 쳐내기 시작했다. 그렇게 몇 번을 쳤을까. 낫자루는 그대로인데 날이 뒤로 물러서기 시작한다. 이상해서 살펴보니 반쯤 잘린 개암나무처럼 목이 댕강 부러져있다. 그 뿐 아니라 반들거리던 날이 제법 촘촘하게 이까지 빠져있다.

　가벼운 새 낫은 가느다란 나무줄기 몇 개를 베어냈을 뿐인데 힘에 부친 듯 이가 빠져 골골댔다. 그리고 보니 작년에도 낫을 새로 샀다고 했다. 웬만하면 버리지 않는다는 철칙을 가지고 살아온 분이 다시 새것을 살 때는 그만한 이유가 있다. 몇 번의 낫질로 무뎌진 것을 쓸 수는 없었던 것이다. 반면 뭉툭하여 볼품없이 생긴 닳아빠진 한 자루의 낫은 몇 년째 제자리를 지키고 있다. 새로 산 몇 개의 낫이 사라질 동안에도.

　풀베기를 할 때는 평낫도 괜찮지만 나뭇가지를 쳐낼 때는 슴베가 긴 우멍낫, 일명 목낫이 필요하다. 까치꼬리 같은 평낫의 날렵한 모습과 달리 우멍낫은 후크선장의 갈고리 손 같이 생겨 나무를 잡아당겨 베기 좋게 생겼다. 하지만 키 작은 나무 조금 쳐내는데 굳이 우멍낫까지 찾을 필요는 없다. 새 낫과 함께 들고 온 오래된 육철낫으로 베니 착착, 소리도 경쾌하게 노련함을 드러낸다.

　대장간에서 담금질이 제대로 되어 나온 육철낫은 수명이 길다. 그래서 닳고 닳아 쓰임새는 달라질망정 버려지지는 않는다. 하지만 공장에서 대량으로 만들어져 번듯한 상표 달고 나온 왜낫은 한철 풀만 베어도 숨은 돌에 맞아 이도 빠지고 숫돌에 갈아도 금세 잘 들지 않는다.

　어린 시절이라고 해야 고작 몇십 년 전이지만, 내 기억으로 그때는 닳아빠진 낫도 숫돌에 잘 갈기만 하면 날카롭게 날이 서곤 했다. 바짝 마른 콩대를 자르거나 옥수숫대와 수숫대를 잘라도 이가 잘 빠지지 않았다. 손잡이도 식구들의 손에 닳고 닳아 반들거리던 낫이다.

그때 두렁 깎던 엄마의 낫을 유심히 본 적이 있다. 지금도 생생한 그 낫의 모양은 엄마의 다리를 닮아있었다. 논으로 밭으로 줄달음치던 엄마의 기억자로 굽은 다리 같은 육철낫은 부지런히 풀들을 그러모아 싹둑싹둑 잘라냈다. 잘 쓸리는 몽당비처럼 적당히 닳아있는 낫은 기계처럼 싸릿대 밑동까지 말끔하게 베어내곤 했다. 팔 힘도 아닌 손목만을 움직일 뿐인데 낫은 기계처럼 움직였다. 그 리듬은 돌부리 하나 만나면 잠시 쉬었다가 '퉤퉤' 기름 입히듯 손바닥에 침 몇 번 뱉고 잡으면 다시 흥을 내 리듬을 탔다. 그때 엄마가 사용하던 낫은 대장간에서 만든 조선낫이 틀림없었을 것이다. 무엇이든 자르고 쳐도 이가 빠지는 일 없는 육철낫.

낫을 어머니의 사랑에 비견하는 노래도 있는데 우리에게 엄마는 무섭고 날카로운 낫 그 자체였다. 하지만, 불에 달구듯 매서운 담금질 속에 자란 덕분에 뛰어나지는 못해도 저마다 제자리를 지킬 줄 아는 지혜와 끈기를 가지게 되었는지도 모른다.

농기구를 파는 오래된 가게에서 여러 가지 모양의 낫을 만났다. 생김새처럼 쓰임새에 따라 이름도 제각각이다. 담배낫은 담배를 재배하는 농가에서 필요한 것이라 한다. 나무껍질을 쉽게 벗기기 위해서는 옥낫이 필요한데 생김새를 보니 영락없는 물음표다. 마치 나무를 베기 전 무언가 생각해야 할 것을 주문하는 것처럼. 누에치는 농가에서 뽕잎을 따는데 필요한 뽕낫, 버드나무를 벨 때 쓰인다는 버들낫, 서서 풀을 벨 수 있게 만든 선낫, 왼손잡이를 위한 왼낫 등 종류가 다양하다.

  당시 우리 집에는 그 다양한 낫들 가운데 육철낫, 그러니까 조선낫 하나뿐이었다. 마치 엄마 혼자서 모든 일을 감당하듯 낫도 한 종류뿐이었다. 사람도 홀로 대를 잇는 것은 모든 어려움을 다 감수해야 하는 것처럼 우리 집 낫이 그랬다. 엄마는 그 낫으로 두렁 풀베기 작업뿐만이 아니라 산에서 주워온 굵은 막대기를 연필 깎듯 다듬어 지겟다리로 만들었다. 그런가 하면 여름에는 보리 베기 가을에는 벼 베기로, 논일이 끝나면 다시 밭으로 돌아와 콩대며 들깨 참깨를 베어내느라 잠시도 쉴 틈이 없었다. 틈틈이 닳아빠진 숫돌 위에서 '슥슥' 소리 내며 날을 세울 때는 그 소리가 듣기 좋아 턱 고이고 바라본 적도 있다. 칼 가는 소리는 무서웠는데 이상하게도 낫을 가는 소리는 굽은 모양 때문인지 소리가 더 부드럽게 들렸다. 그것은 적당히 휘어진 날을 품고 있는 나무 손잡이 속에 숨은 슴베 때문이었는지도 모른다.

  보이지는 않지만 낫은 슴베가 자리를 잘 잡고 버텨줘야 제

힘을 발휘할 수 있다. 낫처럼 휘어진 다리를 가진 엄마는 그 속에서 나온 힘으로 우리를 길러냈다. 뾰족한 낫 끝을 왼손 엄지와 검지로 살짝 쥐듯 잡고 '슥삭 슥삭' 가는 모습은 흡사 어떤 의식이라도 치르는 것 같았다. 엄마는 정말로 의식 치르듯 낫을 갈았는지 모른다. 그렇지 않았으면 낫처럼 굽은 다리로 어찌 50년 가까운 세월을 세 아이의 엄마로 가장으로 제 자리를 지켜낼 수 있었을까.

그런 엄마가 이제 더 이상 벌초 길에 함께 하지 못한다고 하는 것은, 장정처럼 듬직하던 낫자루가 시나브로 닳고 닳아 속으로 삭아 없어진 것과 같다. 나는 그동안, 닳았어도 여전히 제 힘을 발휘하는 육철낫처럼 엄마의 꼿꼿한 겉모습만을 보려 했다. 낫자루가 너무 오래되면 슴베주위의 나무가 먼저 삭듯이 엄마의 몸도 속으로 조금씩 사그라들고 있다는 것을 부정하고 싶었는지도 모른다. 닳았어도 여전히 잘 드는 날카로운 육철낫 같은 꼿꼿함만을 기대했던 철없는 딸이었다.

올가을, 낫자루 속에 박힌 슴베 같았던 엄마의 숨어있는 다리뼈가 물기 없는 삭정이처럼 보이기 시작했다. 얼마 전 병원에서 오래전부터 제자리를 벗어나있었다는 엄마의 어긋난 기억자 같은 고관절을 사진으로 만났다. 어려서부터 틀어진 관절을 몇십 년 버티게 해준 낫자루 같은 근육은 이제 힘을 잃어 닳아빠진 낫처럼 앙상한 뼈만 드러내고 있었다. 그동안 엄마께 육철낫처럼 든든한 사랑만 받을 줄 알았지 제대로 된 '안갚음' 한 번 해보지 못했다는 생각이 커다란 바위덩이가 되어 가슴을 짓눌러왔다. 외려 작은 '안받음'마저 사양했던 꼿꼿한 엄마의 겉모습만 봐온 철없는 딸은 그날에서야 오래 두어도 삭지 않고 닳지 않을 육철낫 하나를 비로소 가슴속에 벼리기 시작했다.

2009. 가을

바퀴 달린 집

 강 건너 누워있는 운길산이 손에 잡힐 듯 지척이다. 한 해 전 수종사 은행나무 앞에서 내려다보던 길을 버스로 달리는 중이다. 바닷속을 유영하듯 수양벚꽃 늘어진 남한강변 꽃길을 달린다. 창밖으로 운길산 예봉산이 앞서거니 뒤서거니 따라온다. 사암 정약용 선생은 운길산에 올라 "홀로 외롭게 지나가던 땅을 좋은 손님들과 맘에 맞는 친구들을 이끌고 온다면 하나의 즐거움이 되겠다."고 했다. 낯선 땅, 홀로 외롭게 지나가던 곳은 아니지만 좋은 사람들과 함께 다시 찾은 것은 분명 즐거운 일이다.
 사암 선생의 흔적이 많은 이곳에서 나는 엉뚱하게도 이규보 선생의 '사륜정(四輪亭)'을 욕심내봤다. 일정의 끝에 행운처럼 들를 수 있었던 두물머리 석창원에서다. 옛 조상들의 전통정원 모습을 재현해놓은 석창원에는 팔백 년 전 이규보 선생이 손수 그림까지 그리면서 만들고 싶어 했던 사륜정을 복원해놓았다. 선생이 모친의 병환으로 그 뜻을 이루지는 못 했으나 《동국이상국집》에 '사륜정기'를 남겨 놓은 덕분이다.

사륜정은 네 개의 바퀴 위에 사방 여섯 척으로 지어 올린 정자다. 완성된 정자에는 여섯 명이 앉을 수 있다. 우선 거문고 타는 사람과 노래하는 사람과 시에 능한 사람을 앉힌다는데 이 세 가지를 좋아했던 삼혹호(三酷好) 선생답다. 그 외에 바둑 두는 두 사람에 주인까지 여섯이 앉을 수 있는 이동 정자인 사륜정.

아이가 끌고 가기 힘들어하면 주인장이 내려가 소매를 걷어붙이고 끌고 그도 어려우면 손님이 교대하면 되리라고 했다. 정자가 다 지어지면 마땅히 뜻이 같은 자를 만나 시를 짓게 하고 자세한 것을 기록하겠으나 지금은 오직 친구에게만 자랑하고 성취하기만을 바라는 마음이라며 글을 맺는다. 오늘날의 캠핑카와 비슷하다는 설명이 있었지만, 효과 면에서는 캠핑카 못지않을 것이다. 두물머리를 돌아 집으로 돌아올 때 머릿속에 사륜정 한 채 담아 왔다.

무작정 떠나고 싶어지는 계절로는 봄이 최고다. 연둣빛 나뭇잎이 푸른 파도처럼 넘실넘실 집안으로 몰려들 때는 빨래 널던 일도 잠시 잊는다. 청소기에 빨려 나온 구겨진 공원 입장권 하나 집어 들고 앨범 펼치듯 그 날로 돌아갈 때도 그렇다. 가끔은 재주 없는 글쓰기를 시도하다가 잡념이 먼저 자리를 꿰차고 앉았을 때 고즈넉한 곳으로의 이동을 꿈꾸기도 한다. 설사 그런 곳이 있다 해도 머릿속 생각들을 떨쳐 줄지는 의문이다. 그러나 길을 걷다가 적색 신호등에 발걸음 멈춘 것처럼 문득문득 그런 생각이 들 때가 있다. 정작 떠나지 못하고 생각으로만 그치는 것은 아무래도 겁 많은 성격 탓일 것이다.

늘 한 박자씩 느리면서도 무엇 하나 진득하니 깊이 있게 파고든 적이 없다. 그것은 천성적으로 내 안에 어느 정도의 방랑기가 있어서인지도 모른다. 주제넘지만 그런 나를 위해 사륜정 같은 달구지 한 대 있었으면 좋겠다. 앞을 보고 가거나 혹은 등지고 앉아 걸어온 길을 눈으로 주워 담으며 흔들리는 머리를 식힐 필요가 있다면 아무 곳에나 멈춰도 좋겠다. 살아가는 일도 그럴 수 있다면 얼마나 좋을까. 사람들과의 관계가 복잡하고 어려울 때 잠시 멈춰 서서 관망하는 시간을 가지면 더 좋은 관계를 유지하게 되는 경우가 있다. 그래서 가끔은 달구지 세워놓고 자연에 일부가 되어보듯 사는 일도, 사람과의 관계도 그런 시간이 필요하다.

만약 내게 사륜정 같은 달구지 하나 주어진다면 늦가을 어스름에 찾아가고 싶은 곳이 있다. 어릴 때의 정취를 한껏 느낄 수 있는 조붓한 농로다. 추수철이 되면 논에 펴 놓았던 마른 볏단을 손수레로 나르는 일을 돕곤 했다. 빈 수레로 갈 때는 동생과 가위바위보를 해서 진 사람이 앞에서 끌고 이긴 사람은 뒤에 올라타는 놀이를 했다. 내가 이겨서 뒤에 앉으면 몸에 바람이 들어온 것처럼 풍선같이 가벼워졌다. 앞에서 끄는 동생과 등을 붙이고 뒤를 향해 앉으면 영화필름 돌아가듯 손수레 속에서 길이 흘러나왔다. 누렇게 익어 이파리 듬성듬성한 두렁 콩 사이로 도랑물이 따라오는가 하면 머리 위로는 흐릿한 낮달까지 눈에 들어왔다. 그때 하늘을 올려다보던 내 눈을 봤다면 낮달 하나 눈부처로 들앉았을 것이 분명하다.

요즘 내가 꾸는 꿈보다 더 멋진 꿈을 실현해나가는 가족을 보며 대리만족을 하고 있다. 불혹을 앞둔 가장과 임신한 아내와 세 아이의 이야기다. 사륜정에 마음을 두고 있어서인지 매일 아침 그 부부와 아이들의 일상을 들여다보고 있으면 같이 여행하는 기분이 든다. 그는 안전한 직장을 버리고 새로운 삶을 위해 지리산 자락에 집을 지었다. 하지만 목수일까지 배웠던 가장은 더 큰 세상을 보기 위해 둥지를 떠난다. 집 판 돈으로 길 위의 집이 되어 줄 버스 한 대를 사서 옆면에는 '바람이 가는 길'이라는 이름을 지어 문패처럼 그려 넣고.

그들은 이 년 넘게 전국을 돌아다니며 만난 풍경과 사람 속에서 진정한 행복을 배웠다고 했다. 옷을 꿰매 입기 위해 재봉틀 사용법까지 배워두었다는 꽁지머리 가장의 얼굴이 바람 같다. 아침마다 바람 따라가듯 전국을 내 집처럼 누비는 그 가족을 보며 행복했다. 여행이 삶이고 삶이 곧 여행인 부부와 아이들의 웃는 모습을 볼 때마다 화면 밖 나도 덩달아 웃었다. 풍경과 하나가 된 어린 시절은 생애가 될 수도 있다고 했다. 바퀴 달린 아이들의 집이 지나가면 거미줄 같은 길이 만들어지고 추억은 거기 수정처럼 매달릴 것이다.

작은 수레 하나 갖고 싶은 것을 목적이 아닌 꿈으로만 생각하는 내가 아침마다 그 프로를 보며 대리만족을 했다. 그런데 바람도 멈춘 듯 고요할 때가 있는 것처럼 '바람이 가는 길'도 멈출 준비를 하고 있었던 모양이다. 바람처럼 거칠 것 없이 굴러가는 집 한 채, 이제 정착을 위한 계획이 한창 진행 중이다. 그러나 온전한 정착이 아니라 다시 떠나기 위한 것이라니 그 또한 바람 같다. 어쩌면 그도 사륜정 같은 집 하나 갖고 싶었는지도 모른다. 정착의 답답함에서 벗어나 바람처럼 떠나기 위해 멈추고, 또 멈추기 위해 떠날 수 있는 움직이는 집, 다만 시대에 맞는 방법으로 버스를 택했을 뿐인 그는 정말 행복한 사람이다.

아이들은 이왕이면 버스처럼 길쭉한 집을 짓고 싶어 한다. 또 바퀴도 달아달라고 한다. 운전대는 세 개였으면 좋겠단다. 마침 아이들과 같은 생각을 한 외국인이 있다. 그는 침실과 욕실, 창고, 부엌이 딸린 바퀴달린 집을 정말로 만들었다. 노숙자를 위한 집이라고 하는데 있을 것은 다 있는 바퀴 달린 작은 집이다. 지금은 화젯거리가 되는 일이지만 머잖은 미래에 어쩌면 정말로 바퀴 달린 집들이 도로를 메울지도 모른다.

어찌 집과 수레, 정자에만 바퀴를 달고 싶을 것인가. 사는 일이나 걷는 일에 지칠 때 마음에도 다리에도 때로는 손에까지 달고 싶은 것이 바퀴다. 둥글둥글 세상을 굴러다니다가 언제든 처음 출발했던 자리로 부메랑처럼 되돌아올 수 있는 바퀴 달린 집, 바퀴 달린 정자를 보며 생각에 날개를 달아 바퀴 달린 집까지 지어본다.

2010. 가을

돌탑

　오랜만에 산에 올랐다. 지난여름에 왔다 가곤 처음이다. 비 온 뒤 나타난 모기떼의 습격에 꽁지가 빠질 것처럼 오르내렸던 길이다. 그 사이 도토리와 개암 열매가 여름을 껴안고 누렇게 여물었다. 산속은 주중인 데다 한낮이라 조용하다. 모기떼와 높은 습도가 물러간 산길에 새소리 그득하고 참나무 가지는 툭툭 떨어지며 화음을 넣고 있다.

　쉼터를 지나 봄에 노루귀 만발했던 곳에 이르니 지금은 물봉선이 한창이다. 여기서부터는 돌이라기에는 크고 바위라고 하기엔 작은 돌덩이들이 늘어선 너덜길이다. 돌길 위에는 도토리거위벌레의 알이 들어 있는 참나무 가지가 수북하다. 돌길이 끝나고 시작되는 작은 계곡을 지났을 때 걸음을 멈추고 뒤를 돌아다봤다. 그동안 보이지 않던 것이 등산로 한 편에 우뚝 서 있다. 어른 키만 한 높이의 돌탑이다. 지난 몇 달간 누군가가 쌓아올린 모양이다. 탑은 제법 틀거지를 갖춘 데다 작은 돌들을 끼워 넣어 빈틈이 보이지 않는다. 누군가의 마음이 닿은 돌들을 한참 살펴봤다.

집안에 생긴 우환을 없애보고자 26년간 노추산에 수천 개의 탑을 쌓은 사람이 있다. 그분이 쌓은 탑은 지금 '노추산 모정탑'으로 불리고 있다. 그분의 근심과 염원이 담겼을 크고 작은 돌들이 모여 탑을 이루었고 세상을 떠나면서 탑 쌓기는 멈췄다. 그러나 산길을 오가는 사람들이 지금도 빈틈을 찾아 돌멩이를 끼우고 있으니 탑 쌓기는 아직도 진행 중이다.

돌탑은 오래전 험준한 고갯길에서 사나운 맹수를 만나면 물리치려고 쌓아놓기 시작했다고 한다. 맹수를 물리치고 다음 사람을 위해 계속 돌을 올려두었던 것이 어느 순간부터는 안전을 기원하는 마음으로 이어져 경외의 대상으로까지 된 것이다. 옛날에는 경계나 석전(石戰)의 의미가 더 강했던 돌무더기지만 돌탑의 형태를 지니게 된 지금은 염원의 뜻이 짙다. 그래서인지 정성을 다해 쌓은 다양한 모양의 돌탑을 보면 저절로 옷깃을 여미게 된다.

작지만 이곳의 탑도 한 사람의 솜씨는 아닐 것이다. 바닥을 다지고 납작한 돌을 깔고 하나하나씩 올려 틀을 잡은 누군가가 있었다면 돌 사이로 난 틈을 찾아 돌멩이를 채운 사람들도 있었을 것이다. 나도 빈틈을 찾아 돌탑 주변을 살펴본다. 끼울 틈을 찾는 게 생각보다 더디다. 작은 돌 하나, 누군가의 염원이 무너지지 않도록 돌과 돌 사이에 기대듯 올려놓고 나니 걱정과 희망을 바꾼 것처럼 마음이 가뿐하다.

땅속에서 갈라져 나왔을 돌덩이들은 이곳에서는 서로 구르고 부딪칠 일 없으니 어디 한구석 매끄러운 곳이 없다. 그런데도 서로 맞물려 유려한 곡선을 이룬 것은 쌓은 사람들의 정성이 닿아서였을 것이다. 누군가가 처음 길을 내듯이 오가는 사람마다 그냥 지나치지 않고 마음을 보태다 보니 속이 꽉 찬 탑이 되었다.

우리 집에도 크기가 제각각인 돌이 몇 덩이 있다. 오랜 세월 산에서 뒹굴다 계곡 따라 굴러 내려왔을 돌들이다. 베란다 한 구석에 버려진 듯 뒹굴다가도 가끔 낯을 씻고 귀한 대접을 받기도 하는 녀석들이다. 숨 쉬는 항아리 꼭대기에 고만고만한 돌들이 어깨를 견주고 올라앉기도 하고 사각밀폐용기 안에서 답답함을 견딜 때도 있다.

그중 가장 큰 돌 하나는 내가 어느 계곡에서 주워온 것이 확실한데 그 고향을 알 수 없다. 볼 때마다 온몸이 반들거리는 것을 보면 그 속에 멍이 들어도 까맣게 들 정도로 구르고 굴렀겠구나 싶다. 다른 하나는 이 집에 이사 오던 날, 이삿짐보다 먼저 만난 터줏대감 같은 돌덩이다. 전에 살던 이들 중에 나이 지긋한 할머니가 계셨다. 할머니도 나처럼 항아리에 넣어둔 재료가 떠오르는 것을 막는 누름돌로 썼으리라 짐작했다. 그 댁 우편물을 전해주느라 몇 번 찾아갔으나 번번이 돌 챙기는 것을 잊어버려 여전히 제 자리를 지키고 있다.

내 몸속에도 돌이 있었다. 돌이라기에는 작고 모래라기에는 컸을 그것들이 움직이기 시작했을 때 나는 이성을 잃었다. 방 안을 공처럼 데굴데굴 구르며 눈물을 쏟았다. 새벽에 응급실로 실려 갔지만, 병원이라는 안도감 외에 별다른 조치는 없어 종일 침대에 누워 돌의 움직임에 따라 몸을 뒤척였다. 2주 후에 보자는 처방을 받아들고 집으로 돌아오니 몸속에서 돌을 내보낼 수 있다는 지인들의 처방이 쇄도했다. 모두 제철이 아닌 수박과 맥주, 그리고 수시로 물을 마셔주라고 했다.

남편이 작은 수박 한 덩이와 맥주 한 병을 사 왔다. 약이라 여기고 먹으라는 말에 앉은 자리에서 다 해치웠다. 빈 병과 수박껍질이 든 쟁반을 들고 일어나는데 천장과 방바닥이 뒤집혔다. 그리고 돌 대신 웃음이 분수처럼 터져 나와 멈추지 않았다. 억지로 웃는 웃음에 병이 도망간다고도 하지만 맥주 한 병이 들어가 만든 웃음은 형벌이었다. 알코올음료 대신 수시로 물을 마시고 2주 후 병원을 찾았다. 의사는 깨끗해진 내 몸속 사진을 보여줬다. 나는 몸속에서 자라던 근심 덩어리인 결석이 몸 밖으로 나간 것은 물 외에도 수박과 맥주 한 병의 도움도 있었을 것이라 여겼다.

무엇보다 내게 바위도 아니고 돌멩이도 아닌 '돌'의 무형적 의미는 근심이다. 위로 떠오르지 않게 하는 누름돌처럼 근심은 가슴을 짓누르는 돌덩이처럼 무겁다. 자다가 가위에 눌릴 때도 바윗덩이 때문인 것 같고 체했을 때도 가슴속에 돌덩이가 들어앉아 있는 것 같다. 그래서 돌탑을 이룬 작은 돌멩이들도 산의 땅속 깊이 박혀있던 근심은 아니었을까 생각한다. 하지만 강이나 산에서 햇빛에 달궈진 돌과 바위에 앉으면 그 단단한 것이 솜사탕처럼 사르르 녹아 없어지기도 한다. 근심은 녹아 희망이 되고 희망이 꺾이면 다시 근심이 되는 것처럼.

바위 속에 생긴 길이 서로 갈라져 나뉘면서 돌은 태어난다. 구르고 깎이며 닳았을 돌의 나이를 가늠해본다. 나이는 먹는 것이 아니라 거듭하는 것이고 채워가는 것이며 좋은 포도주처럼 익어가는 것이라는 말이 있다. 그래서일까. 한 살씩 더 먹으며 근심을 다독여 안심으로 가는 길을 찾는 일도 수월해지고 있다.

오늘은 산에서 내려오며 돌탑을 두어 바퀴 더 돌았다.

2014. 가을

산을 읽고 책을 오르다

　낭떠러지와 정상을 뒤져 오르고 구름과 달을 뒤쫓아 가노라면, 절로 마음에 맞을 뿐만 아니라 내게 슬픔과 괴로움이 있다는 것을 잊게 되오. 내게는 산천이 진실로 좋은 벗이자, 훌륭한 의원이오.

　한국 산수의 멋을 가장 잘 아는 선비로 칭송받은 김창흡이 자신의 친구에게 보냈다는 편지의 한 부분이다. 예나 지금이나 사람 마음처럼 다스리기 어려운 것도 없음을 알 수 있다.
　그래서 우리는 청진기나 칼을 들지 않은 용한 치료사를 찾아 숲으로 들어가는 것일까. 나는 그도 어려운 날엔 잠깐이나마 책 속으로 들어간다. 냉탕과 온탕을 오가듯 산과 책을 넘나들다 보면 상처 난 마음에 새살도 돋고 뾰족했던 심사도 한결 부드러워진다.
　오늘은 산을 읽기 위해 아침 일찍 집을 나섰다. 부지런히 움직였다고 생각했는데 버스는 이미 만원이다. 저마다 화려한 색상의 등산복 차림에 크기가 다른 가방을 짊어지고 있는 사람들이 태반이다. 홀쭉한 내 가방이 그들의 묵직한 것과 비교된다.

먼 산이 아니면 그저 물병 하나 과일 한 개 챙기는 것만으로 준비를 끝낸다. 그렇다고 챙기는 게 없지는 않다. 가방 속에 이미 다 들어 있기 때문이다. 메모지와 볼펜도 있고 작은 꽃을 볼 때 필요하다고 해서 산 루페도 있다. 그 외 휴지, 사탕 몇 알, 곱게 접힌 비닐봉지, 손수건, 방석, 색안경 등 가방 안 물건들을 꺼내 놓으면 종류가 꽤 된다. 올여름부터는 민감한 피부로 고생하다가 산 안면 마스크와 자외선 차단용 토시가 추가되었다. 그런데도 가방은 가볍다.

유명한 성리학자인 어유봉은 《동유기》라는 책에서 "산을 유람하는 것은 독서하는 것과 같다."라고 표현했다. 산수에 대하여 외형적 의미 그 이상을 부여하며 보지 못한 것을 보는 것도 좋지만, 실은 충분히 익히고 또 익히는데 핵심이 있다고 했다. 굽이굽이 환하게 파악하고 그 자태를 또렷하게 간직하고, 그 정신과 통해야만 비로소 터득하는 것이 있다고 말하며 서둘러 대충 섭렵하고서야 무슨 수로 오묘한 경지를 얻을 수 있겠느냐고 반문한다. 산 오르는 일과 독서가 다르지 않다는 이야기다.

굳이 유람이 아니라도 산을 오르는 일은 책 읽는 것과 같다.

책을 읽는 방법에 정독, 속독, 음독과 통독이 있듯 산을 오르는 일도 그와 유사하다. 뜻을 새겨가며 자세히 읽듯 어느 날은 낮은 산이라도 천천히 살피고 관찰하며 오른다. 어떤 날은 높은 산을 바람처럼 훑으며 정해진 시간에 맞춰 올라가기도 한다. 어느 것이 좋거나 옳다고 말할 수 없는 나름의 즐거움이 있는 책 읽기며 산타기이다. 요즈음 슬로 리딩이란 말로 정독을 중요시하는 학습법이 눈길을 끌고 있다고 한다. 책 한 권을 가지고 일 년을 공부하는 것과, 같은 산을 일 년 내내 오르며 계절의 변화를 보고 느끼는 것이 크게 다르지 않다. 거미줄처럼 엉킨 마음을 풀지 못해 애태울 땐, 슬그머니 책 한 권 꺼내 든다. 그럴 땐 전에 읽다가 재미없어 던져둔 책이어도 좋고 잡지여도 상관없다.

그도 어려운 날이라면 산에 오른다. 숲에 든 것만으로도 저절로 심호흡하게 되며 어느새 무거웠던 마음이 가벼워진다. 산과 독서에서 얻은 경험이 지친 삶을 치유하는 한 방법임을 체험한 덕분이다. 등산과 독서의 효과는 과거와 현재가 따로 없다.

오늘은 정독하듯 천천히 계단을 올라가다 맞은편에서 성큼성큼 내려오는 등산객을 만났다. 모자 밖으로 드러난 백발과 주름살이 많은 얼굴로 보아 적잖은 나이를 가늠케 한다. 그러나 몸피와 걸음걸이만큼은 장정 못지않다. 노인의 꼿꼿한 뒷모습을 보니 어제 책 속에서 만난 정란이란 선비가 생각난다. 정란은 18세기 후반 조선 시대 사람으로 당시 예순의 나이에 한라산 등반을 계획했다. 창해일사라는 호를 사용한 그는 실제로 백두에서 한라까지의 체험을 글과 그림으로 엮어 《불후첩》에 남겼다고 한다.

    조선 시대 문인인 성대중은 그를 마테오 리치에 비겼다. 마테오 리치가 세상을 구경한 사람이라면 정란은 우리나라 산하를 두루 다녔기 때문이라고 했다. 노(老)등산객 등뒤로 전국 산하를 누비고 다녔을 정란 선비의 모습이 따라간다. 청노새 한 마리와 어린 종 그리고 보따리 하나와 이불 한 채가 다였다고 전하는데 어쩌면 그의 짐 속에도 책 몇 권쯤은 들어있지 않았을까.

                                                2014. 가을

남자의 귀걸이

　몇 년 전 <집으로>라는 영화를 재미있게 본 적이 있다. 할머니께 튀김 닭이 아닌 삶은 닭을 줬다고 투정부리던 귀여운 꼬마가 나왔던 영화다. 그런데 그 꼬마가 어느새 훌쩍 자라 텔레비전 드라마 속에서 신라 시대 귀공자로 나오고 있다. 내 자식이 아니어도 보기에 흐뭇하다. 정작, 그 녀석 참 잘 생겼다고 말한 것은 조각 같은 얼굴이 아닌 귀를 두고서다. 보태지 않더라도 부처님 귀만큼 크고 또 잘 생겼다. 귀가 눈길을 끄는 것은 거기에 매달린 커다란 귀걸이 때문이기도 하다. 한쪽 귀에만 매달려 흔들리는 귀걸이를 보니 몇 년 전 일이 생각난다.
　고등학교 2학년이었던 아들이 지나가는 말처럼 "귀를 뚫으면 어떨까?"라고 물어왔다. 내게는 지나가는 말처럼 들렸지만 쉽게 해 본 말 같지는 않았다. 머리가 조금만 길어도 답답해하며 짧게 자르는 아이였다. 유행처럼 번지는 교복 바지를 줄여 입는 것에도 관심을 두지 않았으니 뜬금없이 던진 말은 아닐 것이었다. 제 얼굴만 멍하니 바라보는 내게 아들은 한마디를 더 보탰다. 방학이 되면 스스로 돈을 벌어 할 테니 혼내지 말아 달라고. 그 말은 허락을 받기 위한 것이 아니란 뜻이었다. 그렇다고 보수적인 남편이 용납하고 지나가 줄 리도 없었다. 학생의 신분으로 귀걸이라니 당치 않은 일로 여길 것이 분명했다.

보충수업을 마치고 짧은 방학으로 접어든 어느 날, 퇴근하는 내게 문을 열어준 딸이 실실 웃기만 했다. 녀석이 드디어 귀를 뚫고 들어온 모양이었다. 차마 양쪽을 뚫을 수가 없었는지, 아니면 자기만의 멋이었는지 발갛게 달아오른 왼쪽 귓불만을 보여주는데 할 말이 없다. 생각을 깊이 하고 실천에 옮기라던 가훈까지 끌어다 맞추니 유구무언일밖에.

딸이 사춘기의 터널을 지날 때 일이다. 나쁜 일이 아니라면 경험을 해 봐야 흥미를 잃는 법이니 그냥 내버려 둬 달라는 말을 대화 끝에 대못처럼 박아댔었다. 그랬던 딸이 말없이 웃는다는 건 귀를 뚫은 동생의 마음을 이해한다는 의미 같았다. 귀를 뚫기만 해보라며 엄포를 놓던 호랑이 남편도 이미 벌어진 상황 앞에서는 어쩌지 못했다. 달아오른 귓불을 넋 놓고 바라볼 뿐이었다. 그러더니 며칠 후엔 살성이 약해 생긴 염증으로 고생하는 아들에게 약까지 사다 주었다.

그런데 남자들은 언제부터 귀걸이를 해 온 것일까. 우리나라에서도 원시시대부터 조선조에 이르기까지 귀걸이를 한 남자들을 만나는 것은 이상한 일이 아니었다. 우리나라의 귀걸이에 대한 역사는 낙랑지역에서 중국제 귀걸이가 권력을 상징하며 유행하던 때로 거슬러 올라간다. 그러던 것이 고구려 때 한국화되어 신라 때 발전을 이룬다. 서양에서는 귀걸이를 하면 시력이 회복된다고 하고 동양에서는 귀를 뚫으면 두통에 효과가 있다고 한다.

그 시대의 귀걸이들은 어떤 모양이었을까. 먼저 떠오르는 것은 경주 부부총에서 발견된 신라 시대의 금제 태환 귀걸이다. 육중한 무게감을 자랑하는 것과 달리 자세히 살펴보면 금싸라기 장식으로 테두리를 감싼 섬세함에 놀라게 된다. 금싸라기로 만든 거북 등 모양 육각형 안의 꽃 모양이 부드러움을 안겨준다. 그 큰 고리를 받치고 있는 것은 커다란 나뭇잎 모양의 하트 장식이다. 부부총에서 나왔기에 하트 모양도 예사로 보이지 않는다. 이와 달리 가벼워 보이는 금제 세환 귀걸이는 작고 앙증스러워 지금 사용해도 무리가 없어 보인다.

실제로 조폐공사에서 크기를 작게 해서 만들어 일반인들에게 판매한 것도 있다. 바로 미추왕릉에서 출토된 금으로 만든 귀걸이다. 백성을 사랑하는 마음이 깊었던 미추왕은 신라 13대 왕으로 후대에 성군으로 여겨 이장하면서 대묘로 칭하였다. 그 안에서 나온 수많은 부장품 중 하나일 금귀걸이. 화려하면서도 세련미까지 느껴져 지금 사용해도 무리가 없으니 신라인들의 미의식은 시공을 뛰어넘는다.

조선 시대 들어서도 한때는 일부러 귀를 뚫도록 장려하기도 했던 적이 있었다. 유교 사회에서 귀를 뚫는 일이라니 당치 않을 이야기 같다. 그러나 왜구와의 구별을 위한 것이었다니 이해가 된다. 그러던 것이 조선 후기에는 만풍(蠻風)이라 하여 금지하기도 했던 귀걸이 풍습이다. 그런 역사가 있어서인지 요즘 남자들이 심플한 귀걸이로 멋 내는 것에 관대해진 추세이긴 하다. 그러나 고교생 아들을 둔 부모의 마음은 또 다르다.

때로는 소리 없는 말과 관습이 더 무서운 법이다. 염증도 사라지고 아들의 왼쪽 귀에 달라붙은 귀걸이에 익숙해질 무렵이다. 개학을 앞둔 어느 날 아들은 망설임 없이 귀걸이를 빼버렸다. 자신만의 개성을 표현하고 싶었던 아들의 선택은 그렇게 막을 내렸다. 요즘 아이들은 옛날과 다르다며 말세라고 혀를 차지만, 그 아이들도 나름대로 규범은 가지고 있었다. 그것이 관습에 의한 것이든 자신만의 생각에 의한 것이든 긍정적으로 생각하기로 했다.

대학생이 되어서도 아들은 막힌 귀를 다시 뚫지 않았다. 밤송이 같은 까까머리 군인이 된 지금도 여전히 고등학생 같은 아들의 얼굴을 보며 귓불을 만져본다. 언제 귀를 뚫었었냐는 듯 매끈해져 있다.

　다시 월요일 밤이다. 자석에 끌리듯 텔레비전 앞으로 다가간다. 화려한 귀걸이를 큰 귀에 매달고 서라벌 거리를 활보하던 춘추 역의 그 아이가 또 나왔다. 이번엔 <공부의 신>이란 드라마에서 고등학생이 되어 서울 거리를 오토바이로 내달리고 있다. 크고 잘생긴 귀에는 어울릴 것 같지 않은 쥐눈이 콩 만한 귀걸이가 박혀있다. 점 같은 귀걸이 하나 했을 뿐인데 반항아 기질이 느껴진다. 드라마는 천방지축 날뛰는 망아지 같던 아이가 천천히 자신의 길을 찾아가는 모습을 보여주는 중이다.

　권위를 상징하고 조선 사람과 왜인을 구별하기 위한 것이었던 귀걸이. 시대가 바뀌어도 여전히 자신의 정체성을 드러내는 하나의 도구가 되어주고 있다. 조금씩 남자의 귀걸이가 멋스럽게 보이기 시작한다.

2010. 가을

탈 쓰는 여자

초가을 볕이 온돌방 아랫목처럼 따끈따끈하다. 이런 날은 장맛비처럼 쏟아지는 햇볕이 좋으면서도 그냥 나가기에는 망설여진다. 그래서 얼굴에 덮어쓴 가면 같은 얇은 막이 거추장스럽지만 다른 날과 달리 꼼꼼하게 바른다. 볼일을 마치고 돌아오는 길, 가을 햇살에 끌리듯 박물관 앞에서 무작정 내렸다. 계획에 없던 일은 불안과 긴장을 동반하는데 오늘은 날씨 덕분에 즉흥적인 일임에도 기분 좋다. 입구에서 만난 국보급 청자를 지나 여러 가지 탈이 걸려있는 곳에 이르러서는 얼굴에 미소까지 지어졌다.

사뭇 진지한 표정이던 사람들의 시선이 탈 앞에 서서는 하나같이 입꼬리가 올라가고 있다. 오랜 지기처럼 보이는 두 남자가 서로의 얼굴을 바라보며 웃는다. 그러더니 친구의 모습에서 탈과 닮은 모습을 찾아내느라 이내 장난꾸러기가 된다. 양반, 소무, 먹중 등 다양하지만, 그중에서도 말뚝이 탈이 시선을 끈다. 자세히 보니 닮았으나 다른 모습을 지닌 친구처럼 같은 말뚝이 탈도 조금씩 다르게 생겼다.

동래야류 것은 눈과 귀와 코가 비정상적으로 크다. 어찌나 큰지 좀 보태 말한다면 이목구비를 하나하나 떼어놓고 얼굴이라 해도 믿겠다. 부채만 한 귀와 그 귀에 걸릴 만큼 큰 입과 아름드리 고목 둥치만 한 코, 얼굴 여기저기 붙어있는 커다란 점들까지, 또 금방이라도 튀어나올 것 같은 눈동자가 박힌 커다란 송편 같은 두 눈까지. 그에 반해 통영야류 말뚝이 탈은 귀도 작은 데다 노인처럼 이도 빠져있다. 재미있게 생긴 두 탈을 계속 바라보고 있으니 어느 시골 장터 한가운데 서 있는 것 같은 착각이 든다.

예전에는 주로 장터 마당이 탈놀이의 공간이 되어주었다. 지금은 명맥 유지를 위해 전승에 의미를 두고 놀이가 진행된다. 많은 사람이 모일 수 있는 마당에서 하는 탈놀이보다는 익명의 탈을 쓰고 노는 놀이에 더 익숙한 세상이 되어서일까. 그 탈은 보이지 않기에 가끔은 해학이 아닌 해악이 되어버리는 일도 부지기수다.

탈은 누가 어떤 마음으로 썼느냐에 따라 양면성을 지닌다. 그래서 긍정적으로 다가가면 해학이 되고 부정적인 방향으로 몰고 가면 가리거나 감춘다는 은폐성을 띠게 된다. 사람다움에서 벗어난 행동을 한 사람을 이를 때의 탈이 그렇다. 다양한 유형의 탈이 많지만, 놀이 안에서의 탈은 언제나 흥겹고 한겨울 동치미처럼 시원하다.

 탈을 쓰면 내가 아닌 남이 되는 일이라 세상을 좀 더 넓게 바라볼 수도 있다. 살아가며 부딪치는 수많은 갈등 앞에서 처지를 바꿔 생각해보는 것도 일종의 탈을 써보는 일이 된다. 탈놀이의 특징은 평소에 하지 못하던 입바른 소리도 하게 된다는 것이다. 가장 대표적인 것이 귀와 입과 코가 비정상적으로 큰 말뚝이 탈이다. 지역마다 조금씩 다르기는 해도 양반을 조롱하면서 기존 체제에 대한 불만을 표현하는 역할을 해온 탈이 말뚝이 탈이다.

 살아가는 일도 한바탕 놀이라고 한다면 나도 보이지 않는 몇 개의 탈을 가지고 있다. 사회적 위치에 따른 탈들이다. 집에서는 엄마라는 탈을 쓰고 아이들과 마주 선다. 가끔 엄마다워야 한다는 고정관념에 묶여 본래의 나를 잊기도 한다. 그뿐인가, 남편 앞에 서면 아내라는 탈을 쓰고 널뛰기하듯 양처와 악처 사이를 수시로 오간다. 그 사이에는 또 나도 모르는 수많은 내가 존재한다. 어떤 사람에게 소개되느냐에 따라 집사람도 되고 안사람도 된다. 아내가 되기도 하고 와이프가 되기도 하며 마누라도 된다. 아직 한 번도 불려본 적은 없지만, 여편네라는 호칭도 있다. 애엄마로 불리거나 부인으로 소개되기도 하고 가끔은 옆지기라는 호칭으로도 불린다. 신기한 것은 그런 호칭으로 불리게 되면 투명 탈이라도 쓴 것처럼 그 그릇에 어울리는 사람처럼 보인다.

태어난 순서에 따라 언니가 되었으니 언니다워야 한다는 맏이로서의 강박의 탈은 보이지 않으면서도 무거운 탈이다. 내가 가진 본래의 모습보다는 한집안에 어울리는 얼굴로 자리 잡아야 하는 결혼이라는 인연으로 생긴 며느리라는 탈도 있다. 그중에서 내 모습을 가장 많이 드러내는 것은 친구들에게 보이는 나일 것이다. 진정한 나만의 모습도 하나의 탈이 된다면 나는 자의든 타의든 무형의 탈을 여러 개 가지고 있는 탈 부자인 셈이다.

마당에서 다양한 탈을 쓰고 한바탕 놀음을 하는 것처럼 나도 인생이라는 마당에서 널뛰기를 하고 있다. 가끔은 스스로 쓴 탈에 동화되어 즐거워하기도 하다가 발을 헛디뎌 기우뚱 실수도 하고 다른 사람의 탈을 부러워하기도 하면서.

"보통, 사람은 일상에서 철 가면을 쓰고 살지만, 그 가면을 벗을 기회가 두 번 있다. 바로 가톨릭 신자가 고해할 때이고 관객이 되어 입장권을 샀을 때인데 이는 극장에 들어서면서 가면을 벗고 순수의 시절로 돌아가기 때문이다." 유명한 연출가가 한 말이다. 같은 말인데도 탈이란 말 대신 가면이란 말을 쓰니 어감이 크게 다르다. 더구나 그냥 탈이 아니고 철 가면을 쓰고 사는 세상이다. 보이는 탈을 쓰고 벗는 일은 쉽다. 정작

자기 안에 붙박인 보이지 않는 고정된 모습의 탈을 벗겨 내는 일이 쉽지 않을 뿐이다.

오늘 여러 가지 모양의 탈을 구경하면서 성당도 아니고 극장도 아닌 곳에서 내가 가지고 있는 일상의 탈을 여럿 발견했다. 비록 보이지 않는 마음의 탈까지 벗는 일이 되지는 못했지만 새로운 나에 대한 발견이 될 수도 있으니 감사한 일이다. 웃음기 남아있는 밝은 얼굴로 집으로 돌아와 아침에 덮어쓴 보이는 탈을 벗는다.

잔치의 끝처럼 이 일도 순서가 있다. 얼굴에 덮어썼던 가면 같은 얇은 막 위에 크림을 바른 후 닦아낸다. 화장비누로 씻어낸 다음 다시 맑은 물로 헹군다. 기미와 점들이 혼재한 거무스름한 본래의 얼굴 모습이 드러난다. 탈놀이가 끝나면 놀이에 사용된 탈들은 모두 불태워진다. 오늘 내가 썼던 탈은 불 대신 물과 비누 거품에 씻겨나갔다. 비로소 민낯으로 누워 하루의 탈놀이를 마친다.

앞으로 내 안에 있는 수많은 이름의 탈들이 제 역할을 하지 못하고 뒤안길로 벗어났을 때, 물에 씻어내듯 정화할 수 있는 마음 한 구석쯤 마련해 둔다면 어떨까. 아니면 보는 것만으로도 사람을 웃게 하고 주저 없이 바른말 할 줄 아는 말뚝이 같은 탈 하나쯤 마음속에 만들어두는 것도 괜찮겠다.

2013. 가을

팽나무

몇 년 전 추석 때, 그 나무를 처음 만났다. 일찌감치 음식 준비를 마치고 찜질방에 가던 길이었다. 다리를 건너는데 아름드리나무 두 그루가 눈길을 끌었다. 녹화 테이프를 칭칭 감은 나무는 저녁노을에 물들어 노르스름하게 빛났다. 그 나무였다. 가덕도에서 50km의 바닷길을 돌아 수영만으로 이사 왔다는 팽나무.

이사비용 이억오천만 원. 중소도시 중형 아파트 한 채 값은 너끈히 될 가격이다. 도대체 어떤 나무기에 그런 가격이 나올까 궁금했다. 나무의 가치를 돈으로 환산하기는 어렵지만, 이 나무들은 무형의 무한한 가치를 가지고 있음이 분명했다.

육로를 이용할 수 없어 바닷길 돌아오느라 어마어마한 이사 비용이 들었다는 팽나무. 그 앞에는 가덕도 율리 마을이 고향이며 나무의 나이는 삼백 년이라는 안내문이 서 있다. 가덕도

순환도로 개설에 지장을 주어 이곳으로 옮겼다는 사람의 입장에서 본 소개문이기도 하다. 그런데 누가 누구에게 지장을 주었다는 것일까.

베어지려는 위기에 처했던 팽나무 주변엔 많은 사람이 있었다. 일 년 동안 당산나무 편에 서서 지켜 내려 애쓴 마을 사람들과 중재를 통해 이사를 결정한 부산시와 공사현장 관계자 등. 그런 사연이 있어서인지 보호용 녹화 테이프가 그동안 상처받은 나무의 몸을 감싼 깁스같다.

힘들게 옮긴 과정을 기네스북에 올릴 예정이라는 팽나무는 느티나무, 은행나무와 함께 우리나라 삼대 당산나무 중 하나다. 팽나무는 경상, 전라지역에서 정자나무와 당산나무로 가장 많이 만날 수 있다. 바닷가에서 잘 자라는 데다 생명력 강한 뿌리가 있어 태풍에도 끄떡없다는 것이 그나마 다행이다.

가끔 나무를 찾아오는 율리 주민들처럼 팽나무도 가덕도를 그리워하지 않을까. 당산나무라면 마을 어귀를 지키고 서 있어야 하는데 이곳은 도시 한복판이다. 마을을 떠나 그 영험함이 반감되는 것은 아닐까. 고향 떠나 향수병이라도 앓게 되는 건 아닐까. 뿌리는 잘 내릴 수 있을까. 여러 생각이 팽나무 잔가지처럼 퍼졌다.

노을은, 내 유년의 기억으로는 그리움이다. 그래서 노을에 물든 팽나무도 고향을 그리워하는 것처럼 보였다. 우리나라에서 제일 규모가 크다는 백화점 앞에 서 있으니 고향 동구 밖에 서 있을 때만큼 위엄 있어 보이지도 않았다. 건물들의 높이에 눌려 아직 날개를 펴지 못해서일까.

팽나무를 만난 지 세 해째, 해마다 명절 때면 그 앞을 지나간다. 사람들은 그 나무의 가치를 이억오천만 원이라는 숫자에 맞췄다. 가덕도에서 신령스럽게 받들어지던 나무는 여기서도 보호수라는 이름표를 달고 있다. 하지만 자신의 터전을 떠나온 자체가 보호를 받지 못한다는 것을 증명하는 것은 아닐까. 나무의 사연을 알고 찾는 사람들은 율리 주민처럼 신령스런 나무로 바라보기 전에 나처럼 이사비용부터 떠올릴 것이다. 나루공원이 이 나무들의 새 주소지만 아직은 공원 한쪽에 셋방들 듯 어정쩡하게 서 있다. 매연과 소음 속에서 잘 자랄 수 있을까. 자라는 것은 고사하고 예전의 건강한 모습을 잃지나 않고 잘 견뎌내 줄까.

이 시대에는 나무들도 사람만큼 옮겨지는 일에 익숙하다. 숲속에 나무들은 자꾸만 도시로 뽑혀 내려오고 사람들은 반대로 숲으로 들어간다. 아파트라는 삭막한 콘크리트 집의 정원수로 심기 위해 뽑은 나무들은 주로 밤에 옮겨진다고 했다. 그 말을 듣고 난 후, 낮에 옮겨지는 큰 나무의 꽁무니를 따라간 적이 있다. 집에 돌아와서도 구원의 표시처럼 흔들리던 잔가지의 환영이 오래갔다. 스스로 생각해도 지나친 비약이 아닌가 싶지만 이제 자연은 말 그대로 자연이 아닌 곳이 더 많지 않은가.

　한밤중에 다시 팽나무 앞을 지나 형님댁으로 돌아가는 길. 마을 어귀 당산나무를 대하듯 경건한 마음으로 나무를 올려다봤다. 아직 제대로 뿌리 내리지 못한 것 같은 팽나무가 가치라는 튼튼한 뿌리 내리지 못한 사람들의 모습은 아닐지. 점점 멀어지는 팽나무에 당당하게 잘 살라는 기원의 눈길을 담아 보냈다.

　집 근처에 새로 조성되는 공원에 얼마 전부터 도로 경계석을 쌓기 시작하더니 드디어 나무를 심기 시작했다. 키 작은 관목을 심는 것은 눈에 띄지 않아 몰랐는데 키가 훤칠한 큰 나무를 심는 날은 시선을 끌었다. 늘씬하게 뻗은 줄기와 가지가 우아한 데다 건강해 보이기까지 하는 나무를 넋 놓고 바라봤다. 하지만 한해가 지나면 저 나무 중 몇 그루는 뽑히고 말 것이다. 제대로 뿌리를 내리지 못해 말라죽거나 병들어 뽑히고 그 자리엔 또 다른 나무가 자리를 잡는 것을 자주 보았다. 조경이라는 이름으로.

　사람이나 나무나 변화하는 환경에 잘 적응해야 살아남는다. 요즘은 스스로 움직이지 못하는 나무들의 이사가 사람만큼 빈번하다. 제각기 장소는 달라도 자기 자리에서 옮겨지는 일은 사람이나 나무나 스트레스를 받기는 마찬가지다. 여기저기로 옮겨지는 나무들의 모습을 보고 있으면 바닷가 나루 공원에 서 있던 두 그루의 팽나무가 생각난다.
 올 추석에는 수영만의 비보림(裨補林)으로 우뚝 선 할배 할매 팽나무의 웃는 얼굴을 보러 가고 싶다.
2014. 가을

해바라기

　지난여름, 시골집 마당을 울타리처럼 둘렀던 해바라기는 든든한 수호신 같았다. 여름내 뜨겁고 눈 부신 태양을 따라 돌더니 가을이 되자 주체 못 할 정도의 무게로 고개를 숙였다. 황금빛으로 물든 해바라기는 마치 불타는 태양처럼 보였다.
　그 위엄 있는 모습에 반해 올봄 모종 몇 개를 받아다 베란다 앞에 심었다. 겨우 뿌리를 내릴 즈음 가장 튼튼했던 한 그루를 땅속 벌레 그시미한테 잃었다. 다행히 남은 세 개 중 유달리 크고 튼실하게 자라는 녀석한테 대신 위로를 받았다. 큰 키로 인해 행여 바람불면 꺾일세라 끈으로 단단히 묶어서 고정해 주었다. 그런 다음 거름까지 듬뿍 뿌려주고는 마치 큰일이라도 해 준 것처럼 뿌듯해 했다.
　오늘 아침, 한동안 튼튼하게 잘 자라던 해바라기 중 하나가 사라졌다. 집 비운 일주일 동안 훌쩍 자란 모습을 확인했었다.

그러니 밤새 몰아친 세찬 비바람에 꺾였을 것이라 생각했다. 전에도 한창 꽃 피우던 겹백일홍이 비바람에 의해 똑같은 모양으로 쓰러졌다. 하지만 일으켜 세운 다음 테이프로 살짝 감아주었더니 허리를 꼿꼿이 세우고 그 후로 오랫동안 붉은 꽃을 피웠다. 그 기억이 조바심에서 여유로 돌아서게 하여 호들갑 떨던 마음을 가다듬고 몇 시간이 지난 후에야 테이프를 들고 나섰다.

그런데 가녀린 다른 해바라기의 무사함에는 고개가 갸우뚱해졌다. 가까이 다가가 꺾인 해바라기를 살펴보았다. 자세히 보니 밤새 비바람에 꺾인 것은 맞았으나 그렇게 만든 원인은 다른 데 있었다. 테이프로 붙여준다고 다시 살아날 상황은 더더욱 아니어서 튼튼했던 줄기는 이미 댕강 잘려나가 회복 불가능이었다. 들고 나간 가위랑 테이프를 쓸 일은 없었고 여유를 가졌던 내 생각은 보기 좋게 빗나갔다. 상처 난 하얀 속살을 드러낸 밑동과 빗물에 젖은 채 땅바닥에 뒹구는 줄기는 이미 남남이었다. 아직 싱싱한 줄기와 밑동을 번갈아 바라보다 그렇게 만든 장본인은 바람도 아니고 간밤의 폭우도 아닌 바로 나 자신이었음을 깨달았다.

'헬리콥터 맘.' 장성한 자녀의 주위에서 여전히 맴돌며 아이를 만년 어린애로 키우는 엄마를 이르는 신조어다. 그녀들은 아이들의 진로선택 조언으로만 끝나는 것이 아니어서 대학에 가서도 학원 등록은 물론 수강과목까지 챙긴다고 한다. 거짓말 같은 이야기지만 점수가 낮게 나온 과목의 교수를 직접 찾아가 학점을 올려달라는 일까지 있다고 들었다. 또한 이미 사회인이 된 자녀의 통장관리는 물론 재테크까지 도맡기도 하는데 심지어 이성교제까지도 조건과 취향을 맞춰보아 계속 만날지 말지를 알려준다고 한다. 그래서일까. 그들 자신도 마마보이나 마마걸이 될지 모른다는 두려움을 갖고 있다고 고백했다.

어느 드라마에선 맞선 자리에 나간 자녀가 어떤 말을 해야 하고 무엇을 먹어야 할 지 스스로 결정하지 못해 엄마한테 전화로 물어보는 장면을 연출했다. 좀 지나치다 싶지만, 개연성 또한 충분히 가지고 있는 게 현실이다.

예전처럼 많은 자녀를 키우지 않다 보니 양육 방법이 자연히 다를 수밖에 없다. 형제자매끼리 서로 배우고 챙기며 스스로 자립심을 키워가던 옛날과 달리 기껏해야 둘 아니면 외동이다 보니 생기는 일이다. 남매를 둔 나 또한 기준을 세워놓고 그 잣대에 맞춰 아이를 닦달했던 시절이 있다. 그런 마음은 작은 아이의 드센 고집과 사춘기를 맞은 큰아이와의 부딪침으로 상처를 입기도 하고 스스로 물러나기도 하면서 조금씩 서로의 자리를 찾아갔다. 때로는 팽팽하게 당기기도 하고 느슨하게 풀어 주기도 하면서.

아이를 키우는 일은 조금 늦더라도 조바심 잠재우며 조금씩 성장하는 모습을 바라볼 수 있었다. 하지만 해바라기는 그렇질 못했다. 말도 못하고 행동으로 나타내지도 못하는 식물의 고통을 챙겨보지 못한 나는, 나날이 두꺼워져 가는 줄기만 보며 스스로 만족했다. 언제까지나 가까이 두고 챙기려는 엄마의 욕심처럼 바짝 묶어둔 끈은 줄기의 성장을 막았고 결국은 약한 바람에 꺾이고 말았다.

풀들은 바람에 흔들리며 눕기도 하고 다시 태양을 향해 일어서면서 스스로 버티는 법을 배워나간다. 해바라기 버팀목은 거리를 두고 세워서 느슨하게 묶어주면 되는 것이었다. 아니면 꼭 조였던 줄을 차츰 풀어줬어야 했다. 느슨하다는 것, 그것은 부드러운 느낌과 여유를 주는 말이다. 내가 해바라기를 죽인 것은 그 여유와 느슨함을 무시한 결과였다. 곁에 잡아 두되 거리를 둘 줄 아는 지혜는 사람이 아닌 식물을 키우는 데도 필요했다.

아이들을 키우며 스스로 기뻐하는 일을 하게 하는 것, 그러면서 넘어지더라도 툭툭 털어내고 일어날 줄 아는 힘을 길러주는 것이 엄마의 역할이라 여겼다. 채워지지는 않았어도 부족하지는 않았다고 스스로 자부하던 내 자만심을 죽은 해바라기가 정신이 번쩍 나도록 만들어줬다. 아직 아이와 나를 잡아매고 풀어주지 않은 끈은 얼마나 될까. 과연 내 헬리콥터 날개의 크기는 얼마만 했을까. 아직도 내 안 어딘가 헬리콥터에 시동을 걸기 위한 열쇠를 숨겨두고 있는 건 아닐까.

남아있는 가녀린 해바라기 사이로 비가 내린다. 나름대로 바쁜 생활에 돌입한 아이들의 부재, 그리고 가버린 해바라기의 빈자리가 크고 깊다.

2008. 가을

벌레

베란다에서 부추가 자라고 있다. 도넛처럼 생긴 화분 안에서다. 가운데 뻥 뚫린 구멍 안에 물을 가득 부어주면 분수처럼 생긴 작은 통로로 물이 들어가 흙으로 스며들게 되어 있다. 신기해서 얻어다 놓고 날마다 물을 주었더니 한 뼘 이상은 되도록 훌쩍 자랐다. 비빔밥이 먹고 싶었던 날, 가위를 들고 베란다로 나가 부추를 자르다가 기겁했다. 집게손가락 끝 마디에 작은 연두색 벌레가 물방울 모양으로 매달려 있었다. 눈에 띄지 않았으면 모를 만큼 작은 데다 붙어있는 느낌도 없고 더구나 나를 해치는 것도 아닌데 사색이 되어 호들갑을 떨었다.

내가 무서워하는 것이 몇 가지 있다. 환경에 따라 조금씩 변하긴 하지만 사람과 벌레와 자동차는 서로 순위를 바꾸며 상위권을 차지하는 것들이다. 그중 으뜸을 찾으라면 아무래도 사람보다는 벌레다. 어느 시인은 보이지 않는 것 중에서는 전기가 제일 무섭고 보이는 것 중에서는 뱀이 제일 무섭다는데 나는 아직도 벌레가 가장 무섭다.

벌레를 무서워하기 시작한 것을 기억하자면 어린 시절로 거슬러 올라간다. 초가집 뒤란에 앵두며 딸기, 토마토와 함께 포도나무도 몇 그루 있었다. 어느 날, 이파리 뒤에 숨어있는 포도 알까지 따 먹느라 나무 밑까지 들어갔다. 쪼그리고 앉아 고개를 드는 순간, 포도 알이 아닌 커다란 벌레가 눈에 띄었다. 푸른빛에 갈색 줄무늬도 선명한 어른 손가락보다 굵은 벌레가 내 얼굴을 덮을 듯 와락 달려들었다. 오금이 저려 꼼짝도 못 하다가 앉은걸음으로 포도나무 아래를 구르듯 기어 나왔다.

지금도 그 벌레의 모양을 또렷하게 기억한다. 그래서인지 어른이 되어서도 벌레에 대한 혐오증과 무섬증은 사라지질 않는다. 산길을 걷다가 만나는 민달팽이를 보고 소스라치게 놀라는 건 예사고 옷 위로 떨어진 작은 벌레에 기겁해 비명을 질러 같이 간 동행들을 놀라게 한 적도 여러 번이다. 그러다 보니 자벌레를 잡아 손바닥에 올려놓고 관찰하는 유치원생들을 보고 있으면 마치 내가 어린아이보다 못하다는 생각이 들 때도 있다.

전에 살던 집은 오래된 주택이라 유난히 집게벌레가 많았다. 검고 딱딱한 등껍질을 가졌을 것 같은 겉모습과 두 개의 날카로운 집게를 가진 벌레를 나는 그렇게 불렀다. 집게벌레를 욕실에서 마주치는 것은 그래도 물로 뿌려버리면 그만이었는데 방구석에서 만나는 건 난감하다. 한번은 거실에 있던 남편과 아들이 내가 지른 고함에 큰일이라도 터진 줄 알고 달려왔다. 휴지를 통째 던져주고는 등 뒤로 숨어 처리하는 것을 확인하고 서야 방으로 들어갔다.

아파트로 옮기며 꼼꼼히 따져본 것 중에 벌레 문제도 들어가 있었다. 그만큼 벌레와의 동거가 불편했다. 하지만 원하는 방향과 층까지 고려하기에는 걸림돌이 많아 결국 오래된 아파트 1층에 둥지를 틀게 되었다. 문제는 주택에서 동거했던 집게벌레는 없으나 가끔 그보다 더 무서운 적이 나타나 혼을 빼놓곤 했다. 수많은 발을 움직여 날다시피 달음질치는 벌레가 천장을 기어가고 있는 걸 발견했을 때의 충격이란. 어렸을 때 어른들은 그 녀석을 돈벌레라 했고 우리는 발이 많다고 쉰발이라 했다. 발을 일일이 헤아려 본 적은 없으나 그 정도 되고도 남으리만치 많은 발을 가졌다.

학명이 그리마인 쉰발이는 사실 살짝만 건드려도 발을 자르고 도망간다. 죽을 때 마른 꽃 부서지듯 발들이 사방으로 떨어져 나가는 것을 보고도 도무지 내 겁의 수치는 줄어들 기미가 없다. 처지를 바꿔보면 덩치 큰 나를 보고 벌레들이 더 놀랐을지도 모르는 데 말이다.

만물의 영장이라는 사람인데도 사람 같지 않은 사람 뉴스를 들으며 오늘도 부추에 물을 준다. 하루가 다르게 쑥쑥 자라는 가느다란 줄기에 벌레가 생겼는지 미리 살펴도 본다. 거대한 다른 종족이 자신을 무서워하여 이렇게 날마다 살피는 것을 그 작은 미물은 알고 있을까.

  체코 작가 프란츠 카프카는 외판원인 그레고리를 다리가 많고 등껍질이 딱딱한 벌레로 변신시켰다. 가족들은 한 집안의 가장이었지만 능력을 상실한 그를 혐오하며 죽기만을 바라고 상처를 준다. 가끔 등껍질이 딱딱한 벌레를 보면 그레고리가 생각난다. 나를 해치는 것도 아닌데 온갖 수단을 동원하는 내 모습이 벌레들한테는 어떻게 보일까도 생각한다. 어쩌면 벌레들도, 놀라 소리 지르며 도망가거나 잡으려 덤비는 나를 한 마리의 벌레로 볼지도 모르는 데 말이다.

2014. 가을

도약을 꿈꾸며

　감나무의 자식농사가 작년만 못하다. 올해는 벌레 먹은 잎도 태풍에 떨어 낸 알맹이도 많지 않은 데 감이 적게 열렸다. 빽빽한 이파리 속에 숨어있는 단감이 아직은 감잎처럼 파랗다. 밤하늘 별 세듯 대청마루에 앉아 하나, 둘 손가락을 꼽아본다. 작년 가을 입안에 퍼지던 단맛이 혀끝에서 살아난다. 아직 풋내가 날 것 같은 것을 두고 입에 들어갈 생각부터 하니 우물에서 숭늉 찾는 격이다. 어머니는 가뭄에 도랑 치듯, 아직 떨어 낼 생각조차 않는 낙엽 버릴 일을 걱정하는데 손님 같은 며느리는 단감 맛을 그리고 있다. 고부간의 동상이몽을 아는지 모르는지 감나무는 작은 흔들림도 없이 설핏한 해 기운을 받아 더 짙푸르다.
　어린 시절 맛봤던 달콤한 감 맛이 그립다. 어쩌다 외갓집에나 가야 맛볼 수 있었던 감이다. 어른 주먹만 했는데 고동시라고 했다. 고종황제께 진상하던 것이라 '고종시'라는 이름을 얻은 유래를 가지고 있다. 외갓집 마당 앞 논두렁을 타고 앉은 감나무 두 그루는 서로 경쟁이라도 하듯 감을 주렁주렁 매달곤 했다. 가을이 되면 사과 상자에 차곡차곡 담긴 감은 광이 아닌 할아버지 계신 안방 다락으로 올라갔다. 그건 아무나 함부로 손댈 수 없다는 뜻이기도 했다.

뒤란을 에워싼 대숲이 칼바람을 끌어안고 우는 한 겨울밤이었다. 피죽 한 그릇도 못 먹은 힘이라고 등 밟아주는 할머니를 타박하시던 할아버지가 드르륵 다락문을 열고 감상자를 꺼냈다. 거기엔 가을에 넣어둔 감이 드러나는 속살에 수줍어하는 새색시 볼처럼 변해 있었다. 그날 밤 먹은 감이 두고두고 생각난다. 고종황제께 진상하던 감이었으니 당연히 최고의 맛이었을 것이다. 그 나무들도 몸살 앓듯 한 해는 적게 열렸다고 했다.

우리 집 마당 가 다랑논 곁에는 아쉽게도 감나무 대신 큰 밤나무만 한 그루 있었다. 기억으로 뻗은 가지가 아버지의 튼튼한 어깨 같은 나무였다. 거기에 줄을 매달고 판자를 얹어 그네를 탔다. 가끔 새끼줄이 닳아 끊어지면 엉덩방아도 찧고, 오일장 해거름에는 그곳에 앉아 엄마를 기다리기도 했다. 우리한테 시달려서인지 여물지 못한 쭉정이가 더 많았던 밤나무다. 그나마 쭉정이 밤도 덜 열린 해에 엄마는 "느덜이 그렇게 매달리니 열맨들 온전허게 여물겄냐." 했다.

제법 송이가 매달린 해엔 그네 타는 머리 위로 툭툭 떨어지기도 했는데, 여문 가시를 가진 송이가 떨어지면 주먹으로 맞는 꿀밤과는 비교가 안 되게 아팠다. 지금은 가고 없는 나무가 아버지 얼굴보다 더 선명하다. 그 밤나무도 해거리를 했던 것일까.

일반적으로 밤나무보다는 감이나 감귤류가 해거리하는 나무로 알려져 있다. 복숭아나 배, 포도 등은 해거리와는 별 상관이 없다고 한다. 올 추석, 친정에 들러 인사차 찾아간 옆집 감나무도 이파리만 무성했다. 작년에는 몇 접이나 수확하여 덕분에 엄마까지 겨우내 홍시 맛을 보았다고 했다. 그 나무는 활개 치듯 넓은 바깥마당을 차지하고 있으면서도 열매는 하나도 보이지 않았다. 이웃집 아주머니는 작년에 많이 맺느라 몸살 난 모양이라며 쯧쯧 혀를 찼다. 그런 것에 비하면 콘크리트 마당 한쪽에 움츠리듯 서 있는 어머니의 단감나무는 제법 열린 편에 속한다.

해거리는 과수나무만 하는 것은 아니다. 나무에 많은 열매를 맺는 성년(成年)이 있으면 적게 열리는 휴년(休年)이 있듯이 사람 일에도 그와 같은 굴곡의 기운이 있다. 나무는 꽃이 많이 피는 해에 가지치기를 많이 하고 꽃과 어린 과일을 솎아 줌으로써 해거리를 방지한다. 그러나 과실나무처럼 사람 일에 생기는 해거리는 이를 방지하는 그 어떤 일을 하기보다는 기다림과 비움이 필요하다.

 어느 교육학자는 자식 기르는 일에도 해거리는 중요하다고 말했다. 성적이 조금만 떨어져도 아이를 다그치는 부모에게 주는 일침(一鍼)이다. 나 또한 그런 부모 중의 하나였을 것이다. 지나간 시간을 돌이켜본다면 현재와 비교하여 아무것도 아니었던 것을 과거 속의 현재에서는 늘 조바심 쳤다. 방외인 김시습은 천지 사이에서 기(氣)가 움직이는 이치는 구부림과 폄과 가득 참과 텅 비게 됨이 있다고 했다. 깊이 있는 이해는 차치물론하고라도 내 안에 그 천지가 있음을 하루에 몇 번씩 겪는데 도무지 제대로 된 깨달음의 시작은 아득하다.

 소리 없는 바람에 파란 감나무 잎 하나 마당에 팔랑팔랑 떨어진다. 툭, 툭, 뒷간 앞 풀숲에 밤송이 떨어지는 소리도 들리는 것만 같다. 여물지 못한 밤송이는 떨어지는 것도 힘이 없었다. 그 소리 들으며 자란 나는 이왕이면 소리도 힘차게 '후두둑' 떨어지는 알밤이 되었으면 했다.

 어린 시절, 알밤이 여물기를 기다리며 밤나무가 닳도록 올려다봤다. 지금, 단맛으로 익어가고 있는 아직은 파란 풋감을 바라본다. 문득, 감나무에도 그네 하나 매달아보고 싶어진다. 달음질치며 앞으로 내닫다가 다시 물러서며, 나뭇가지에 다다르기 위해 발을 굴러대던 그 시절이 그리워서일까. 제자리 선 채

꽃피고 열매 맺을 뿐인 나무가 내 안에서 요동을 친다. 한 폭의 그림을 그린다. 나도 감나무처럼 한 해 해거리쯤이야 여유 있게 받아쳐 도약할 줄 아는 객기 한번 멋지게 부려보는 삶이었으면 좋겠다.

2008. 가을

무재(無財) 팔자, 횡재(橫財) 팔자

꼬리 긴 여름 해처럼 사람들이 길게 줄지어 선 곳이 있다. 건물을 휘감아 나온 행렬은 다시 버스정류장까지 이어져 있다. 따가운 여름 햇살에도 대수롭지 않다는 얼굴들이다. 행렬의 앞으로 시선을 옮기니 복권 판매소라는 간판이 눈에 들어온다. 그러고 보니 아침 신문에 2주째 누적된 당첨금이 몇 배로 불어 있다는 기사가 났었다. 그 줄에 합류하지 않으면 오는 복을 스스로 차버리는 것이 될 것 같다.

언제부터인가 횡재＝대박＝로또가 공식화되어 버렸다. 당첨금이 몇 주나 누적되었다는 기사가 나는 주말에는 복권방 앞에 사람들이 장사진을 치고 있는 모습이 뉴스 전면을 장식하기도 한다. 뉴스에서나 보던 광경이 내 집 앞의 일이 되고 보니 그만큼 살기 어려워졌다는 것만 같아 씁쓸하다.

어느 날, 남편이 주역을 공부하는 친구로부터 받아왔다며 두

툼한 봉투를 내밀었다. 그 안에는 또박또박 깔끔한 손 글씨로 남편과 나의 사주풀이가 서너 장에 걸쳐 빽빽하게 적혀있었다. 그다지 나쁘지도 썩 좋아 보이지도 않았지만, 단 한 가지 우리 부부 사주엔 횡재수가 없다는 것은 확실했다. 남편과 내가 그 점에서는 천생연분이라며 웃었다. 요행을 바라는 마음보다 불로소득은 나와는 상관없다는 생각이 더 확고했다. 그 흔한 행운권 당첨 한 번 제대로 걸린 일이 없는 것에서도 알 수 있다. 하다못해 골고루 행운을 배분하는 야유회에서도 공짜선물은 늘 나를 피해가곤 했다.

　재작년 이맘때의 일이다. 조간신문 '오늘의 운세'란에 남편 띠의 운이 좋다고 나와 있기에 웃으며 복권이라도 사야 할 모양이라고 했다. 그랬더니 정말로 퇴근길에 사 왔다. 몇 끼 반찬 값을 종이 몇 장과 바꿨다고 핀잔하면서도 잃어버릴세라 가계부 갈피에 잘 끼워뒀다.

　월요일 아침, 신문을 보는데 복권 당첨 번호가 평소와 달리 눈에 들어왔다. 가계부에 넣어둔 복권을 꺼내 전장에 나가는 병사처럼 형광펜까지 준비한 다음 이미 훑어본 신문을 다시 펼쳤다. 첫 장은 동그라미 하나 그어보지 못하고 휴지통으로 집어넣었다. 다음 장에서는 번호가 세 개나 맞았다. 다행이라는 생각을 하며 마지막 장을 확인하기 시작했다. 그런데 하나, 둘, 셋, 넷, 다섯, 만점 시험지처럼 동그라미가 계속되었다. 마지막에 살짝 비껴간 번호 하나를 제외하면 다섯 개의 숫자가 일치했다. 순간, 생각지 않은 행운에 머릿속이 멍해졌다.

잘못 인쇄되었을지도 모른다는 생각에 인터넷에서 당첨번호를 다시 확인했다. 2등 당첨금을 보니 세금공제 전 금액이 3,000만 원이 넘는다. 숫자 몇 개 동그라미 쳤을 뿐인데 삼천이란 거금이 생긴 것이다. 돈이 들어올라치면 기다렸다는 듯 쓸 곳이 생긴다더니 그 돈을 쥐기도 전에 할 일들이 줄을 서기 시작했다. 우선 중고로 산 자동차를 바꿔야 했다. 먼 길 출퇴근 하느라 혹사해서 자꾸만 몸살을 앓기 시작하고 있었던 참이다. 다음으로 친정엄마한테 빌려 쓴 쌈짓돈을 갚아야 했다. 지방에서 살던 집을 처분해도 전세금이 모자라 애를 태울 때 건네받은 돈이다. 세 번째 순위는 이제 고3인 둘째로 옮겨간다. 꼭 다니고 싶은 학원이 있는데 비싼 등록금 때문에 주저한 게 엊그제 일이다. 며칠 전 일에 생각이 머물자 학원등록을 다시 맨 위로 올린다.

들뜬 마음을 가라앉히고 먼저 남편한테 전화했다. 2등 당첨이란 말이 믿어지지 않는 눈치다. 그러더니 당첨 번호들을 묻는다. 동그라미가 선명하게 그려진 다섯 개의 번호를 큰 목소리로 또박또박 불러주었다. 그런데도 나머지 한 개의 번호가 뭐냐고 재차 물었다. 알고 보니 다섯 개의 번호와 보너스 번호까지 맞아야 완벽한 2등이었다. 그 순간, 생김새가 다른 보너스 숫자가 3,000만 원을 내 손에서 뺏어가는 도적처럼 보였다. 동그라미 몇 개에 3,000만 원을 가지려 한 나도 도둑이긴 마찬가지였다.

　돈을 어디에 쓸까 머리 굴리며 들떴던 내 자신이 부끄러워 얼굴이 달아올랐다. 떨어지는 게 당연하다는 생각과 남아있는 아쉬움이 교차하는 순간, 다시 일상으로 돌아온 나를 발견하곤 머쓱해졌다. 은행에 가기 전, 가계부 갈피에 복권과 같이 꽂혀 있던 특별후원금 지로용지를 챙겼다. 우리에게는 매달 내는 후원금만으로 충분하다고 여겼었다. 특별후원금 용지를 쓸 일이 없을 거라 여겨 우편물을 받으면 영수증만 챙기고는 버렸다. 그런데 이런 일이 있으려고 그랬는지 그 달에는 가계부 사이에 그대로 넣어둔 채였다.

　은행에서 복권과 당첨금을 교환했다. 둘째의 학원비를 통장에 넣고 지로송금까지 마치고 나니 비로소 백만 원이 적은 돈이 아니란 생각이 들었다. 어쩌면 다른 사람에게 갈 행운이 잠시 한눈팔다 갈 길을 잘못 들었는지도 몰랐다. 아직 떨림의 여운이 남은 발길을 돌려 빵집으로 향했다. 남은 돈은 아이들이 좋아하는 빵을 한 아름 샀다. 그리고 주머니는 다시 가벼워졌다.

　무재팔자가 돈을 벌려고 안간힘을 너무 쓰면 몸에 병이 오거나 교도소에 갈 수 있다고 한다. 또 재물 운이 없는 사람이 갑자기 많은 돈이 생기면 화(禍)를 입는다고 한다. 역술가로 유명했던 도계 박재완 선생이 남긴 말이다. 선생 생전에 시세가 쌌던 대전 근교 땅을 사두기만 하면 커다란 이득이 눈앞에 훤히 보이던 때가 있었다고 한다. 그랬음에도 자신은 무재팔자임을 알기에 담담하게 등 돌릴 수 있었다고 했다. 그런 선생의 마음이 부럽다. 정말로 무재팔자 횡재팔자가 따로 정해져 있는 걸까.

한 폭에 천 가지 빛깔로 짜인 것이 사람 마음인 모양이다. 억(億), 억(億) 하는 세상에 억, 억 소리 내며 넘어지는 사람들도 많은 요즈음이다. 백만이라는 숫자에도 뛰는 가슴 부여잡던 내 모습이 엊그제 일만 같다. 오던 길 다시 한 번 뒤돌아본다. 오늘 밤, 아니 내일은 몇 사람이나 횡재를 누려볼 것인가. 이왕이면 정말 필요한 사람에게 필요한 만큼의 행운이 주어졌으면 좋겠다.

2009. 가을

다슬기국

　다슬기 국물이 개울물에 둥둥 떠다니는 청태 색깔이다. 고운 보에 국물을 걸러내고 다슬기는 바구니에 담아 마루로 옮긴다. 여름철이라 잠시만 둬도 상할 염려가 있다며 시어머니는 말보다 손길을 더 재게 놀리신다.
　어린 시절, 시골에선 탱자나무 가시가 속살 빼내는 데 최고였는데 지금은 구할 수 없으니 바늘로 대신한다. 다슬기가 굵은 것에 비해 속살이 잘다. 그런 걸 보니 잡은 지 며칠 된 것을 냉장고에 보관한 모양이라고 혀를 차신다. 고향 마을 앞 빈지소에서 잡은 게 틀림없다고 생각했는데 싱싱함까지 챙겨볼 수 없었던 것을 자책이라도 하는 것 같다.
　돌돌 말린 모양 따라 살살 뽑아내면 되는데 남편은 영 서툴다. 자꾸 중간에 끊기는지 입으로 가는 게 더 많다. 어머니는 머리 맞대고 수런거리는 즐거움에 그저 웃기만 하신다. 다 까놓고 보니 손품을 들인 것에 비해 속살보다는 껍데기가 더 많다. 껍데기를 감나무 밑으로 옮기기 위해 바구니에 모으는데 차르륵, 자갈에 부딪치는 물소리 들려오는 것 같다.

이른 아침, 시장에 내려가 싱싱한 단배추를 사다가 삶아 우거지를 만들고 불린 쌀은 가루로 만드느라 빠르게 움직이는 동안 어머니의 다리 통증은 씻은 듯이 나아 보인다. 고향이 주는 보약 같은 고디국 한 그릇 먹으려고 올 자식들 생각에 아픔을 잠시 잊으신 게다. 아니면 가끔 내게 들려주던 등지고 떠나온 고향 마을 깨뜰의 풍경을 그려보느라 그런지도 모른다.

아버님에게 동산은 말 그대로 움직이는 것이어서 온전히 주인이 되지는 못했다. 시나브로 사라지는 논밭은 그것을 불리는 일보다 더 빨랐던 모양이다. 그래서 어머니는 그곳을 다시 가고 싶지 않다고 하셨다. 하지만 세월만큼 좋은 약이 또 있을까. 이제는 누구보다 먼저, 그곳에서 굵은 주름 키웠을 어머니의 기억이 바쁘게 되살아난다.

할 일이 없으면 더 아프다던 친정엄마가 생각난다. 늘 "놔둬라 그건 내가 해야 혀."라던 분이다. 어머니 또한 내겐 채소나 다듬게 하며 홀로 종종걸음이다. 두어 시간이 지나자 온 집안에 향긋한 다슬기국 냄새가 퍼진다. 국 냄새가 어린 시절 향수를 떠올리게 했는지 남편이 슬그머니 방에서 나왔다. 냄새만 맡아도 미역 감고 다슬기 잡아 올렸던 물 좋은 빈지소가 떠오르는 모양이다. 물 반 다슬기 반이던 유천강에서 허리가 아프도록 다슬기를 잡았던 큰시누이는 지금도 이것만 보면 허리가 아프다고 한다며 '쯧쯧' 혀를 찬다. 수경 낀 큰시누이 모습이 어렴풋이 보이는 것만 같다.

밥심으로 사는 거라고 밥도 항상 고봉으로 퍼주더니 국도 냉면 그릇에 그득 넘치도록 담아내신다. 후루룩. 남편은 마파람에 게 눈 감추듯 한 그릇을 뚝딱 해치운다. 저렇게 맛있을까. 준비한 시간이 아까워 천천히 먹고 싶은 마음과 달리 내 숟가락 놀림까지 덩달아 빨라진다. 어머니는 수저를 놓기 무섭게 일어나더니 다녀간 지 얼마 안 된 막내 몫을 따로 퍼서 선풍기 바람 앞에 식힌다. 차가워진 국은 냄비째 냉동실로 들어갈 것이다. 늘 바쁜 작은시누이 것도 한 냄비 따로 퍼낸다. 식성 좋은 아주버님 몫으로 뚝배기 한가득, 그러고 보니 들통만 한 냄비가 텅 비었다. 어머니는 비워진 그릇을 보며 "올여름도 다 갔다."고 혼잣말을 하신다.

여름이면 고향 마을에 찾아가 다슬기를 사다가 이렇게 국을 끓이는 일이 어머님한테는 명절 쇠는 일 같다. 설날 아침 차례상 물리기가 무섭게 이제 한 해 다 보냈다고 회한 가득한 한숨을 내 쉬던 어머니다. 이제 제 일을 다 한 큰 냄비는 말끔하게 씻겨져 다시 다락으로 올라갔다.

뜨거운 국을 시원하게 한 그릇 뚝딱 비운 남편은 어느새 세상 부러울 것 없는 얼굴로 오수(午睡)에 빠졌다. 고향 마을 앞 빈지소에서 먹이라도 감고 있던가, 아니면 소 꼴 먹이며 마을 앞산 너머 세상을 그리던 시절로 돌아가 있는 지도 모른다.

뿌웅, 기적소리 맞춰 물놀이하던 최고의 낙원이 바로 유천강이라고 했다. 증조부모 산소 앞에서 내려다본 유천강은 여전히 맑고 깊다. 마을이 변하고 사람은 갔어도 강물은 변함없는 모습으로 교교히 흐르고 있다. 그곳에서 잡아 올린 다슬기로 만든 국은 떠나온 고향에 대한 향수를 달래고 원기를 회복시키는 한 첩의 보약이다.

2007. 가을

종이를 접으며

선물을 받았다. 노란색 포장지가 토요일 오후처럼 편안하다. 버선코 같은 부드러운 곡선 모양의 구슬 리본이 눈길을 끈다. 시간과 손품을 들인 것이 느껴져 선뜻 포장을 풀 수가 없다. 한참 후 조심스럽게 포장을 풀자 구름 같은 솜 속에 들어있던 선물이 속살을 드러낸다. 그 사람의 모습이 보이는 것 같다. 몇 번 얼굴을 익혔을 뿐인 데다 너울가지 없어 먼저 다가서지 못한 나를 위해 준비한 마음이 보여 속지만큼 얼굴이 붉어진다.

요즈음은 선물의 의미가 많이 퇴색되어 버렸다고는 하지만 여전히 마음을 담은 선물은 주고받는 서로를 흐뭇하게 한다. 더구나 포장에까지 정성을 다한 것이 느껴질 땐 내용물과 상관없이 연서라도 받은 것처럼 가슴이 설렌다.

나는 작은 선물이라도 포장에 나름대로 정성을 쏟는다. 부피가 작은 것일 땐 주로 색종이를 접어 직접 포장 상자를 만드는데 선물 고르는 일만큼이나 즐거운 일이다. 받을 사람의 분위기에 맞을 것 같은 색종이를 고를 때면 아이처럼 마음이 들뜬다. 그런 다음 필요한 양만큼 꺼내놓고 작은 산을 만들고 긴 골짜기를 내기 시작한다. 물론 선으로 접었다 펴면서 만드는 산과 계곡이다. 그것은 그 사람에게로 가는 길이 된다. 때로는 시작하는 길이 되기도 하고 앞으로 나갈 길이 되기도 하며 누군가에게로 가 멈추는 길도 된다. 접히고 열리길 반복한 산과 골짜기들을 이어붙이면 드디어 상자가 완성된다.

  상자를 접는 동안은 받을 사람만을 생각한다. 그 사람의 얼굴을 생각하고 목소리를 떠올리고 내게 전해진 온기를 느끼기도 한다. 또 종이를 접는 일은 남에게 가는 길도 되지만 내면 깊숙한 곳에 있는 또 다른 내게 이르는 길이 되기도 해서 좋다. 행여 한눈파느라 접혔을 주름진 마음을 펴기도 하고 터트리지 못하고 봉오리 그대로 굳어버린 앙금도 풀어버린다. 접힌 선을 다시 한 번 매끈하게 밀 때면 얼굴 근육도 함께 피는 연습을 한다. 완성된 상자를 보고 있으면 다림질 잘 된 셔츠를 보는 것처럼 내 얼굴도 저절로 밝아진다. 무언가에 몰두할 수 있다는 것은 좋은 일이다. 하지만 종이접기는 잠시 한눈팔다 샛길로 빠지면 낭패를 보게 된다.

  얼마 전 일이다. 그동안 만들고 남은 자투리 색종이들을 모아 놓은 것을 접다 보니 꽤 많은 양을 접어버렸다. 걸려온 전화를 받으며 조립하는 데 필요한 개수를 헤아려 놓고 나머지는 상자에 넣어두었다. 그리고 좀 더 튼튼한 모양으로 만들 생각에 테이프까지 준비했다. 서로 겹치는 부분에 미리 잘라둔 테이프를 말아 붙이길 반복하며 마지막 장에 이르렀다. 그런데 마지막 장과 첫 장이 서로 맞지 않고 사이가 들떴다. 모양 잡기가 불편해져 온 신경을 곤두세우다 보니 손가락이 마비될 지경에 이르렀다. 할 수 없이 다른 것을 먼저 조립하기 시작했다. 그런데 똑같은 과정인데도 이번 것은 탄탄하고 보기 좋게 깔끔한 모양이 나왔다. 밀어둔 것을 다시 가져다 첫 과정부터 살펴봐도 아무 문제가 없다. 그런데도 제 모양은 나오지 않는 미완성품, 결국 휴지통에 넣기 위해 집어 들고 아깝게 버려질 색종이의 개수를 헤아려보기 시작했다. 그런데 아뿔싸! 색종이가 아홉 장이다. 여덟 장이어야 모양이 제대로 나오는데 한 개를 더 끼우려고 애를 썼으니 당연히 모양은 나오지 않고 손가락에 힘만 들어가 아팠다.

 종이를 접는 일은 이처럼 제 개수에서 벗어나거나 조금이라도 잘못 접으면 모양이 나오지 않는다. 한 장 더 채우면 퍼져버리고 제 선을 벗어나면 틈이 벌어진다. 그래서 종이접기는 사람 사귀는 일과 별반 다르지 않다. 처음부터 잘못 접게 되면 마지막에 가서 제 모양이 나오지 않듯 사람과의 관계도 처음부터 끝까지 일관되어야만 좋은 관계가 유지된다. 넘치는 개수처럼 혼자서만 정을 많이 줘도 상대를 힘들게 하지만 선을 제대로 접지 않은 것처럼 제 길을 벗어나면 원하는 모양이 나오지 않듯 거리가 멀어진다. 상자를 만드는 일이야 더 끼웠으면 한 장을 빼주면 된다. 선을 무디게 접거나 잘못 접었어도 펴서 다시 제대로 접으면 된다. 그러나 사람과의 사이에서는 관계회복이 종이 접는 일처럼 쉽지 않다.

주변에 반세기 가까이 이어온 우정이 깨어질까 봐 마음을 졸이는 분이 있다. 힘든 시절들을 공유해왔던 사이라 친자매 이상이었다는데 그중 한 친구로 인해 많은 상처를 입은 것 같았다. 우정을 샘내는 무언가가 있는 것 같다고 했다. 그 무엇은 바로 신용이었다. 그 친구는 틀림없다고 믿어 의심치 않았는데 한 번 두 번 계속되는 허언으로 접었다 펴기를 반복한 종이처럼 이제는 버려질 일만 남았다고 했다. 그분은 나이가 들면서 틈 없이 날카롭던 시선이 조금씩 무뎌지고 있다는 것을 느끼게 되는데 용납할 수 없는 것도 있다며 몹시 마음 아파했다.

같은 방향을 보고 부족하나마 그 사람의 마음이 되어 이해하고 들어 주려 해도 상대방이 몰라준다면 구겨진 종이처럼 회복 불가능이다. 그분의 친구는 우정이라는 길을 너무 편하게 생각했음이 틀림없다. 사람은 자신이 믿고 싶은 것만 믿고 보고 싶은 것만 보려 한다. 쉽지 않은 일이지만 나는 이왕이면 나쁜 것보다 좋은 이미지만 보려 노력한다. 그래서 가끔 보더라도 따뜻한 미소와 고마운 말 한마디쯤은 마음에 담아둔다.

　오늘도 누군가를 위하여 종이를 접기 시작한다. 아무리 작은 것이라도 선물을 한다는 것은 상대방을 마음에 품지 않고는 할 수 없는 일이다. 눈에 보이는 작은 선물보다 그것을 감싼 상자에 담긴 길고 긴 내 맘을 알아준다면 더 없이 감사할 것이다. 설사 그 마음을 놓친다 하더라도 서운하지는 않을 것이다. 이미 산을 내고 계곡을 내는 동안 그 사람에게 많이 고마워했으므로. 사람과 사람 사이의 연은 이렇듯 작은 물건 하나에도 길을 내고 지나간다.

2010년 가을

깃털 달린 영장류, 까치를 바라보다

 해바라기가 실연을 당했다. 여름내 태양을 향하더니 짝사랑에 지친 듯 고개를 멈췄다. 상심한 해바라기는 하늘 아닌 땅을 향했다. 다른 한편으로 본다면 사랑의 결실을 보는 일이기도 한데 그것을 사람보다 먼저 까치가 눈치를 챘다.
 외출했다가 돌아오니 두 그루의 해바라기가 한 치의 오차도 없이 똑같이 꺾여 있다. 꽃대 두어 뼘 아래로 위치까지 자로 잰 듯 정확하다. 아이들이 부러 그랬을 리도 없으니 무게를 견디지 못한 가느다란 줄기 탓으로 여기고 좀 더 여물게 놔두기로 했다.
 다음날이다. 빨래를 널고 있는데 창문 밖에서 누군가 자꾸만 흘끔거리는 것 같다. 고개를 돌리니 까치 한 마리가 꺾인 해바라기 줄기를 타고 올라앉아 있다. 해바라기 씨를 빼먹으며 나를 보고 있었던 모양이다. 가까이 다가가 창문을 두들기니 놀란 듯 날아가더니 멀리 가지 않고 근처 수풀 아래서 종종걸음이다. 어쩌나 보려고 모른 척했더니 다시 날아와 씨앗을 쪼아대기 시작한다. 가느다란 줄기를 발가락으로 움켜잡고 제 몸무게를 지탱한 채 쪼아대는 부리 힘이 여간 아니다. 내가 그랬듯, 저도 따가운 시선을 느꼈는지 잠시 내 쪽을 바라보더니 황망히 날아갔다.

집 앞에 나무들이 많다 보니 까치와 참새가 자주 놀러온다. 가끔은 이른 아침부터 녀석들이 떠들어대는 소리에 늦잠 자는 것을 포기한 적도 있다. 그러고 보니 여름내 몇 그루 안 되는 꽃나무의 자태를 감상하던 나와 달리 까치는 해바라기 씨앗 여물기만 고대하고 있었던 모양이다.

꼬리까지 합한 몸길이가 기껏해야 갓 태어난 아기 키만 할 까치와의 신경전에 며칠 동안 덩치 큰 내가 외려 주눅이 들고 말았다. 까치의 천적인 매 종류나 올빼미가 변한 환경에 밀려 사라지자 그 자리를 꿰찬 것이 까치다. 그래서인지 녀석들의 공격성은 실제로 사람도 움찔하게 한다. 까치 처지에서 본다면 공격이 아닌 방어일 수도 있겠다. 그것은 자신들만의 영역을 지켜야 하는 일이기 때문이다. 공원이나 집 주변에서 요란한 소리를 내며 싸우고 있을 때가 그런 경우이다.

가끔은 둥지나 새끼 보호를 위해 저보다 몸집이 큰 사람이나 개, 고양이 등을 공격하기도 한다. 집 앞에서 까치 부부와 고양이가 깃털이 빠질 정도로 싸우는 것을 우연히 보게 되었다. 까치 부부가 매끈한 털이 쑥쑥 빠져나가는 것도 아랑곳하지 않고 자그러운 소리를 지르며 덩치 큰 고양이를 공격했다. 결국, 고양이는 줄행랑을 쳤고 까치들은 개선장군처럼 날개를 퍼덕이며 승리를 만끽했다.

얼마 전에는 둥지에서 떨어진 새끼를 주워 올려주려던 사람을 공격하기도 했다는 뉴스도 있었다. 시멘트 일색인 도심에서 살다 보면 새도 공격적으로 변해가고 있는 것을 보여주는 것 같다.

까치의 먹이 구하는 일은 이제 뭍과 물을 넘나든다. 어른 손 두어 뼘은 족히 될 잉어와 사투를 벌여 결국 먹잇감을 획득한 까치의 의기양양한 모습이 카메라에 잡혔다. 그 곁에서 무심하게 바라보고 서 있는 배고픈 모습의 황조롱이와 대비되는 사진이었다. 녀석들은 도심에 얼마 남지 않은 맹금류인 황조롱이를 능가하고 있다. 새들도 도시에서는 영악해야만 살아남는다는 것을 보여주는 것도 같다.

까치와의 신경전에 무뎌질 무렵, 며칠 동안 바깥일을 보느라 해바라기를 지켜보지 못했다. 해바라기 생각이 났을 땐, 어느새 가운데 덜 여문 씨앗만 남겨두고 다 빼먹은 뒤였다. 내가 없는 사이 풀 방구리 쥐 드나들 듯했던 모양이다. 남은 것만이라도 챙길 요량으로 줄기를 잘라 집으로 들고 들어왔다.

잠시 후, 며칠 전에 본 그 까치가 날아왔다. 보아하니 해바라기를 찾는 것 같다. 한참을 두리번거리더니 꽃밭 속에까지 들어가 종종걸음을 치다가 나와 눈이 마주치자 후다닥 나무숲으로 도망쳤다. 작은 짐승에게 너무 강밭게 구는 것 같아 모아뒀던 씨앗을 들고 나가 줄기 주변에 뿌려주었다. 몇 시간이 지나도 해바라기 씨앗은 그대로였다. 하지만 까치는 분명히 어디선가 내 행동을 살피고 있을 터였다.

새들도 사람들이 발전시켜 놓은 문명 따라 진화한다. 하지만 사람은 언제부터인가 문명의 노예가 되어 가는 데 반해 몇몇 새는 그 반대인 것 같다. 도시 새는 외려 그것을 삶의 방편으로 이용하고 있다. 시골에 심어둔 해바라기는 속이 알알이 여물도록 새 한 마리 얼씬거리지 않았다 한다. 편안히 논바닥에 앉아 탈곡 후 떨어진 낟알을 주워 먹을 수 있으니 굳이 해바라기 씨앗을 탐할 이유가 없기 때문이다.

깃털까지 뽑혀가며 영역을 지켜야 하고 신경 곤두세워 먹이를 구하는 도심에 사는 까치의 모습이 사람과 다름없다. 요 며칠 살펴본 까치의 모습에 등줄기가 서늘해진다. 도시에 산다는 것은 사람에게나 짐승에게나 힘든 일이다.

2009. 가을

4. 겨울

어느 날 갑자기

어느 날 갑자기 | 이정표 | 몽이 | 사진 한 장 | 언제 한번 | 사라진 한 장
오천 원 | 06 그리고· 하나 | 기억은 서로 다른 퍼즐이다

버스정류장에 도착하니 바람이 거세지고 그에 질세라 눈발까지 굵어져 함박눈으로 변해있다. 버스에 오르기 전 코트에 달라붙은 눈을 털어준다. 그 순간, 눈보라 속에 서 있는 그에게서 오래전 영남루 마당에서 맡아지던 매운바람 같은 아릿한 냄새가 코끝에 스민다. 잊었던 냄새다.

어느 날 갑자기

아침이 더디게 찾아왔다. 밤새 내린 눈 때문이다. 회양목을 뒤덮고 잎 없는 단풍나무에 쌓인 눈이 마치 하늘에서 내려온 구름 같다. 나목처럼 서서 눈을 크게 뜨고 쌓이는 눈을 확인이라도 하듯 오랫동안 바라본다. 그러다 갑자기 부산 집으로 내려가야 할 남편 생각에 퍼뜩 정신을 차린다. 맑은 날에도 도착했다는 소릴 들어야 안심이 되는데 눈까지 내리는 궂은 날이다. 이번 주에는 차를 가지고 오지 않아 그나마 다행이다.

주말 앞뒤 며칠은 다른 요일보다 쏜살같다. 처음에는 떨어져 지내는 불편함을 내 시간이 많아진 것으로 위안삼았다. 차츰 주말에 만나는 일에 익숙해지자 서서히 부딪치는 것들이 생기기 시작했다. 아무렇게나 벗어둔 양말이 눈에 거슬리고 크게 틀어놓은 텔레비전 소리도 소음으로 들렸다. 물이 새도 고쳐줄 생각 않는 수도꼭지가 신경을 곤두세우기도 했다. 남편은 남편대로 편하게 쉬다 가기를 바라는 눈치였다.

　집에 오는 날이면 잘해 주리라고 속 다짐을 한다. 그러다가도 만나기만 하면 언제 그랬냐는 듯 다짐은 고스란히 벽장 속에 넣어둔 물건처럼 잊어버리고 대신 게으름과 이기가 그 자리를 꿰찼다. 그러다가 월요일 아침이면 불러내지 않아도 슬그머니 다락 속에서 내려와 내 양심을 콕콕 찔렀다. 다행히 양심이 누더기가 되기 전에 뾰족했던 송곳 같던 마음도 시나브로 뭉툭해져 갔다. 떨어져 지낸 지 일 년 정도 되니 조금씩 서로의 마음을 헤아리는 요량이 늘어난 것이다. 울퉁불퉁 자갈길을 달리던 버스가 포장도로로 들어선 느낌이랄까.

　차 시간에 맞춰 눈 때문이라는 이유를 내세워 함께 집을 나선다. 쓸어놓은 길 위로 다시 쌓이기 시작한 눈이 발걸음을 옮길 때마다 땅 위에서 춤을 춘다. 그보다 조금 더 쌓인 곳은 미끄러워 조심스럽다. 사람 발길이 닿지 않아 눈이 소복하게 쌓인 길로 찾아 올라서자 그제야 걸음걸이가 안정된다. 마치 우리 부부의 지나온 일 년과 같은 길이다.

　구름다리 위에서 내려다본 눈 오는 도시의 아침은 고요하다. 바람을 타고 우산 속으로 들어온 눈이 털기도 전에 사르르 녹는다. 눈이 답쌓인 오솔길을 앞서거니 뒤서거니 오붓하게 걸어간다. 앞서 가는 남편의 어깨가 펼쳐진 우산 끝에서 보일락 말락 숨바꼭질을 하고 있다. 마치 쏟아내지 못한 감정을 가두어

둔 가장의 서글픔이 우산 속에서 너울너울 춤을 추는 것 같다.

　오래전 영남루 앞에서 너무 가벼워 날래 보이던 그의 어깨가 떠오른다. 오늘처럼 하얀 눈이 영남루 앞마당을 덮고 있었다. 그때 자신이 태어난 고향으로 날 데려간 것은 입 밖으로 낸 천 마디 말보다 더 큰 무게로 내게 다가왔음을 한참 후에야 깨달았다. 조부모의 산소가 유천강을 바라보고 있다고 했다. 멀리서 보니 두 기의 묘 위에 남아있는 잔설이 마치 하얀 털모자 같았다. 날듯이 뛰어 올라가 절을 하고 내려오는 모습이 그 산만큼이나 듬직하게 보였다.

　동양화에서는 빽빽하게 채워진 것보다 남겨둔 여백에 더 큰 의미를 둔다. 사람도 때론 청산유수와 같은 부드러운 능변보다 말없이 실천을 앞세울 때 더 크게 감동한다. 달콤한 능변가도 아니요 그렇다고 행동으로 나타내는 일에도 어설픈 사람과 함께 사는 일은 항상 밍밍한 우물물을 마시는 것과 같다. 그렇게 무뚝뚝한 사람과 사는 것에 익숙하면서도 가끔은 부드러운 말 한마디 그리울 때가 있다. 하지만 십 년이면 강산도 변한다는데 강산이 몇 번 변해도 바뀔 줄 모르는 것이 사람의 천성인 모양이다. 그렇다 해서 크게 허전한 것도 아니고 말로써 자주 속을 상하게 한 적도 없으니 무언으로 보여준 표현이라 여기며 위안을 얻을 때도 있다. 그러고 보면 둘 다 참으로 무딘 사람들이다. 무디다 보니 스쳐서 베어지는 일도 드물 수밖에 없다.

가끔 혼자서 벼린 칼날도 한 발 뒤로 물러났다 다가서는 사이 한풀 꺾이곤 한다.

그때 영남루로 가는 기차 안에서 내게 전해준 책이 두 권 있다. '공(空)'이란 제목이 붙은 노트와 인도의 명상가가 쓴 《잃어버린 나를 찾아서》다. 책을 받아든 순간에 '이 사람도 책을 좋아하는구나!'라고 생각했다. 그러나 장발의 청년이 가졌던 풍부한 감성은 결혼 후, 우산 속으로 날아든 눈처럼 흔적 없이 사라졌다. 그는 책과 결별이라도 한 듯 멀찌감치 물러앉았다. 책 읽는 즐거움은 고스란히 내게 맡긴 채 오직 스포츠에만 몰두했다. 그나마도 지금은 땀내 절은 운동화와 체육복 빨던 일이 그리운 추억으로 남아 있다.

버스정류장에 도착하니 바람이 거세지고 그에 질세라 눈발까지 굵어져 함박눈으로 변해있다. 버스에 오르기 전 코트에 달라붙은 눈을 털어준다. 그 순간, 눈보라 속에 서 있는 그에게서 오래전 영남루 마당에서 맡아지던 매운바람 같은 아릿한 냄새가 코끝에 스민다. 잊었던 냄새다.

그 사이 버스가 도착하고 손님을 다 태우기도 전에 부릉거리는 차 안에서 그가 어서 들어가라며 손짓한다. 아직 손끝에 남아있던 오래전의 그 냄새가 코끝에 달라붙은 흰 눈처럼 가슴 속으로 싸하게 밀려들어 온다. 이십여 년 전엔 낯설었던 그 냄새가 어디 숨어 있다 나타난 걸까. 버스가 떠나간 자리, 눈은 허공을 날아 발밑에 쌓이고 눈에 보이지 않고 느껴지지 않는 아릿함은 가슴속으로 파고든다.

 그 냄새는 가슴 밑바닥에 뿌리내려 소리 없이 자라다 갑자기 꽃을 피운 것처럼 마음속에 동요를 일으킨다. 단조로운 나의 마당에, 설레던 그 시절의 자리를 다시 펴놓는다. 어느 날 갑자기 맡아진 그 냄새. 부부란 그와 같은 향수들이 가슴 저 밑바닥에 깔려 있어서 십 년을 하루처럼 하루를 십 년처럼 사는 가보다.

2008. 겨울

이정표

나뭇가지에 걸린 아침 해가 유난히 맑다. 그래도 겨울이니 얇은 옷 하나 더 껴입고 아이젠까지 챙겨 나선다. 버스에서 내려 등산로 입구로 들어가는 길, 지난가을엔 은행나무가 수놓은 노란 가로수 길을 휩쓸던 바람이 지금은 두 팔 벌린 성근 가지 사이로 지나간다. 빠른 발걸음을 늦춰 기억을 더듬어 본다. 여름에 쥐손이풀꽃을 보기 위해 왔던 곳까지 거슬러 올라갔을 때 샛길이 나타났다.

이 길은 위험하오니 전문 등산객만 이용하십시오.

입구에 세워진 안내문을 보니 우리가 갈 길이 아닌 것 같은데 친구는 그리 험하지 않았다는 말로 나를 안심시킨다. 오솔길로 들어서자 아직 사람 발길이 닿지 않은 뽀얀 숫눈이 밟을 때마다 '뽀드득뽀드득' 기지개를 켠다. 눈 기척 소리에 따라 앞만 보고 가다가 큰 바위 앞에서 걸음을 멈췄다. 산 아래를 내려다보니 시내 모습이 한눈에 들어온다. 등을 돌리니 눈이 없어도 오르기에 버거워 보이는 크기의 바위가 수문장처럼 버티고 서 있다. 사방을 둘러봐도 에돌아갈 길은 보이지 않는 곳이다.

속 다짐을 단단히 하고 다시 올려다본다. 그사이 바위는 두 배로 커져 있다. 숨이 턱 막히더니 사시나무 떨듯 다리까지 흔들거린다. 진퇴양난이다. 날렵하게 먼저 올라가 저만치 가던 친구가 다시 돌아와 손을 내민다. 바위 한쪽에 간신히 제겨디딘 발을 떼지 못하고 얼어붙듯 서 있던 나 때문이다. 손을 잡고 겨우 오르고 나니 긴장 끝에 생긴 땀방울이 바람처럼 등줄기를 훑는다.

평탄한 길을 즐기며 앞으로 나가다가 이번에는 더 큰 바위를 만나 아예 얼어붙고 말았다. 아래로는 낭떠러지가 위로는 절벽 같은 바위가 잠자듯 누워 있다. 그때 어디선가 헬리콥터 소리가 들려왔다. 모자를 벗고 하늘을 올려다보며 두 손을 흔들고 싶어졌다. 눈 쌓인 겨울에 이런 난코스를 올랐다고 핀잔하는 모습까지 그려보고는 생각을 돌렸다.

산 정상으로 향하는 계단을 한참 오르고 있는데 갑자기 흔들리기 시작했다. 위를 올려다보니 계단이 아닌 끝없이 긴 사다리가 공중에 매달려 있다. 도로 내려갈 수도 없으니 밑으로 뛰어내리던지 건너편 바위로 옮겨 서든지 해야 할 상황이다. 그런데도 다리는 오금이 붙은 듯 펴지질 않는다. 낭떠러지로 미끄러지듯이 뛰어내리다가 급기야 소리를 질렀고 그 소리에 내가 깨고 말았다.

프로이트는 사람이 가지고 있는 잠재의식을 시각화해서 보여주는 창이 꿈이라고 했다. 잠재의식이란 무의식과는 다른 것으로 내 안에 가지고 있는 어떤 것에 대한 어렴풋한 의식이며 또한 가장 오래전에 품었던 생각이다. 그렇게 본다면 언젠가 내가 이런 길을 오리라는 생각을 했는지도 모르겠다. 아니면 또 다른 꿈의 종류인 사실적 미래투시일 수도 있다. 올라가지도 내려가지도 못하는 상황 앞에서 오래전 꾸었던 꿈과 같은 환경에 불안감이 눈덩이처럼 불어난다.

바위를 끌어안은 채 그런 마음 다독이고 있을 때 홀연히 사람들이 나타났다. 그 상황엔 '홀연히'라는 말 말고는 달리 표현할 길이 없다. 우회할 길을 물으니 반 이상 올라온 길을 내려가기보다는 올라가는 편이 더 안전하다며 손을 내민다. 반 이상 올라온 길, 이미 올라온 길이니 정상만 보고 가기로 마음을 고쳐먹는다. 이 코스만 오른다면 이 산은 다 오른 것이나 진배없다고 덧붙인 말에 발걸음이 더 조심스러워진다. 하지만 무거운 발걸음과 달리 가슴속에 들앉았던 바윗덩이는 어느새 솜처럼 가벼워졌다. 그제야 겁 많은 나를 데려와 후회했을지도 모를 친구의 얼굴에도 화색이 돈다.

눈 덮인 산길에 길잡이로 묶어둔 빨간 리본도 예사로 보이지 않아 그 와중에도 곁을 지날 때마다 고마운 마음을 담아 눈인사를 한다. 앞서 간 깊은 발자국 위에 내 발자국을 조심스럽게 얹는다. 빨간 리본처럼 뒷사람에게 이정표가 되어줄 발자국이다.

눈을 뚫고 들판 길을 걸어가노니
어지럽게 함부로 걷지를 말자.
오늘 내가 밟고 간 이 발자국이
뒷사람이 밟고 갈 길이 될 테니.

조선 시대 시인 임연당 이양연의 <야설>이다. 눈길을 걸을 때 조심해야 할 것이 어디 들길에서뿐일까. 오늘처럼 눈 쌓인 산길을 걸을 때 누군가가 내준 발자국 따라 걷듯 내가 남긴 흔적도 뒷사람에게는 이정표가 될 것이다.

눈꽃 핀 나목에 매달린 빨간 리본 같은 그분들 따라 무사히 정상에 도착했다. 잘못 택한 등산로로 말미암아 고생한 몇 시간이 하루, 아니 계절 하나 지나간 듯 길고 멀게 느껴진다. 정

상에서 내려다본 산은 도시를 향해 등을 내밀고 납작 엎드려 있다. 찾아오는 누구라도 사양하는 법 없이 온몸을 내어주고 푸념까지 들어주고 있다. 한숨 소리에 섞인 수다 몇 말은 휘어진 소나무가 받아주고 정치 이야기에 열 올리며 토하는 웅변은 말 없는 바위가 들어주고 있다. 막걸리 몇 잔에 휘청거리는 마음을 달래며 가슴에 걸린 체증을 덩어리째 내려놓는 사람도 있고 낚싯대 없이 시간을 낚는 사람도 보인다. 말가웃 되는 시름을 건듯 바람에 날려 보내고 뜨끈한 라면 한 그릇 뚝딱 해치운 다음, 대롱대롱 산에 매달리듯 앉아 어리광부리는 사람들이 거기 다 모여 있었다.

바위틈을 뚫고 하늘을 바라보는 나뭇가지 사이로 지나가던 바람이 가슴속으로 들어온다. 정신 차리고 일어나 정상을 등 뒤로 하고 올랐던 산을 다시 내려온다. 도움 준 낯선 사람들 그리고 이 산에 고맙다는 인사를 주문처럼 왼다.

'이 길은 위험하오니 전문 등산객만 이용하십시오.'

살아가는 동안 위와 같은 삶의 이정표를 몇 번이나 만났을까, 흩어진 산길이 하나로 모이고 통해 정상으로 향하는 것처럼 언젠가는 나도 돌고 돌아 다시 자연으로 돌아가게 되리라. 힘들게 오른 산을 다시 내려오며 길 하나를 만들어본다. 흙 위에 낸 길이 아닌 마음속에 그리는 나만의 새로운 이정표다.

2008. 겨울

몽이

　식구가 늘었다. 요즘은 애완견에서 반려견으로 위치가 바뀐 강아지다. 올해 네 살로 강아지 세계에서는 어른이지만 우리가 볼 땐 작고 연약한 동물이다.
　우리 집에 온 지 일 년이 지났지만 녀석은 귀를 세우고 자는 날이 많다. 작은 소리에 놀라 몸을 움츠리거나 꼬리를 내리기도 한다. 심지어는 눈을 맞추며 말 걸어오는 사람을 향해 뾰족한 송곳니를 드러내며 짖어댄다. 배수진의 자세로 짖는 기세에 놀란 사람들은 대개 겁이 많다고 이해하거나 무섭다거나 못됐다는 반응들을 보인다. 어떤 표현이든 민망하기는 주인인 나도 마찬가지여서 웬만하면 밖에서 사람을 만나게 되면 얼굴을 피하도록 돌려세우거나 딴청을 피워 관심을 돌린다. 무슨 짓인가 싶지만, 저도 편하고 사람들도 편하기 위한 방법이다.
　아이들도 어렸을 때의 기억이 평생 가듯 동물도 마찬가지다.

그래서 자신을 방어하기 위해 짖는 몽이를 심하게 나무라지 못한다. 어떤 정신적인 상처를 가졌는지 알 수 없으나 몽이가 우리 집에 올 때는 긴 털이 엉켜 솜 뭉치 같았다. 미용하고 나니 뼈만 남아 애처로울 지경이었다. 작은 소리에도 놀라고 가까이 다가가기라도 하면 공격 자세를 취해 눈치만 보기도 했다.

알게 되면 보이게 되고 보이게 되면 아는 것이 생기게 된다. 몽이가 오기 전에는 모든 반려견이 강아지 아니면 개였다. 그러던 것이 얼굴이 다르게 보이고 나름의 품종에 사람처럼 뼈대와 가문이 있다는 것까지 알게 되었다. 일 년 차답게 뒤돌아서면 잊기 일쑤지만 저마다 다르다는 것을 알고 나서는 지나가는 동네 강아지도 다시 돌아보게 된다.

그래서 자월도라는 섬에서 강아지가 사람보다 먼저 눈에 띄었는지도 모른다. 오크는 저녁 무렵 동네 한 바퀴를 돌기 위해 숙소를 나서자마자 처음 만난 강아지다. 오크는 낯선 외지 손님에게 먼저 꼬리를 흔들며 다가와 아는 체를 했다. 자기 주거지를 벗어나 다른 마을로 향하는 언덕까지 따라온 녀석이 걱정되어 집 방향으로 돌려세워도 뒤돌아보면 다시 따라와 앞장을 섰다. 그렇게 앞서거니 뒤서거니 섬마을을 돌았다. 손전화기 보조등 불빛이 필요한 즈음에는 외려 녀석이 집으로 돌아갈까 봐 걱정되었다. 섬마을을 걷고 숙소 앞에 다 왔을 때 한 마리의 개를 또 만났다. 다리가 짧은 갈색 털을 가진 개는 우리를 한참 바라보더니 달빛 삼킨 콩밭 속으로 사라졌다.

다음 날, 이슬도 채 마르지 않은 이른 아침 선착장으로 가는데 두 마리의 강아지가 해변에서 뒹굴며 장난을 치고 있었다. 큰 녀석이 해당화 울타리를 뛰어넘어 백사장으로 달려가면 작은 녀석이 뒤를 따랐다. 썰물처럼 달려가던 큰 녀석이 어느 순간 뒤로 돌아서면 작은 녀석이 멈추고 서로 뒤엉켜 하얀 모래가 분수처럼 퍼져 오르도록 격렬하게 장난을 쳤다. 자세히 보니 어제 봤던 오크였다. 좀 더 작은 녀석은 오크가 낳은 새끼라고 했다. 잠시 후 어디선가 또 한 마리가 나타났다. 녀석들은 섬의 주인처럼 차 없는 거리를 활개 치며 장난치고 놀았다. 우리를 보더니 꼬리를 흔들며 졸졸 따라오다가 금방 백사장을 향해 달려갔다.

오후에는 진모래라는 이름으로 불리는 바닷가로 조개를 캐러 갔다. 험한 산길을 몇 굽이 돌자 그림 같은 펜션 사이로 서해가 나타났고 오솔길에서 또 한 마리의 강아지를 만났다. 바다를 등지고 선 한 남자의 뒤를 점박이가 따라오더니 우리를 보자마자 꼬리를 흔들었다.

머리를 쓰다듬자 바로 배를 보이며 드러눕는 개를 지켜보던 남자가 데려다 키울 생각이 없느냐고 물었다. 털이 검어 '검둥이'로 불리는 강아지는 사실, 주인 잃은 개였다. 아니, 주인이 버리고 간 개라고 하는 것이 맞다. 섬에서 지낸 지 두어 달 되었다는 녀석은 지난여름 휴가철에 데리고 왔다가 작정하고 버리고 간 개라고 했다. 어제 본 오크와 오크가 낳은 강아지, 달빛 젖은 콩밭 속으로 사라지던 강아지까지 모두 유기견들이었다.

너무 커버려서, 아파서, 그 외 돌볼 수 없다는 여러 가지 이유로 버려진 개들이 이 섬에는 토박이 개들보다 많을 것이라고 했다. 한번 버려진 개들은 상처를 안고 살아가게 된다. 몽이처럼 자신에게 다가오는 낯선 사람을 향해 무조건 짖을 때는 분명 저만의 상처가 있을 수 있다. 반대로 버려지지 않기 위해 새로운 주인에게 잘 보이려고 애를 쓰는 강아지도 있다. 오크는 주인에게 잘 보이기 위해 토끼를 잡아다 주기도 한다고 했다. 마을을 돌며 들은 이야기로는 풀어놓고 사육하는 토끼라고 했다.

반려견 인구가 천만을 헤아린다. 그만큼 반려견에 대한 관심도 높다. 반려견 용품 판매장, 병원, 장례식장과 놀이터까지. 최근에는 강아지 유치원도 생겼다는 소식이다. 놀아주고 훈련하는 것이 얼마나 효과가 있는지 강아지에게 어떤 도움이 있는지는 모르나 하루 30만 원은 분명 적은 돈이 아니다. 하지만 주인의 지극한 사랑과 관심 속에 생을 마치는 강아지는 열 마리 중에 한 마리 정도여서 해마다 버려지는 반려견 수는 십만 마리에 이른다는 통계가 있다. 통계는 말 그대로 드러난 것에 대한 수치이다. 드러나지 않은 숫자는 얼마나 될까. 아직은 반려견보다 애완견에 가까운 의식을 가지고 있음이 분명하다.

처음엔 낯선 소리만 들리면 필사적으로 짖어대던 몽이가 언제부터인가 짖는 일이 많이 줄어들었다. 잘못하면 낮고 단호한 목소리로 혼을 냈더니 같은 행동의 반복도 줄어들기 시작했다. 눈 마주치는 일은 고사하고 만지는 것도 겁먹던 내가 지금은 안고 씻기며 녀석의 기분이 어떤지도 알 정도가 되었다.

그렇게 우리 가족은 애완과 반려의 널뛰기를 통해 또 하나의 가족처럼 몽이와 가까워지고 있다.

2014. 겨울

사진 한 장

 남자는 마음으로 늙고 여자는 얼굴로 늙는다는 영국 속담이 있다. 마음은 늙었어도 얼굴은 동안이고 얼굴은 동안이지만 마음이 늙었다면 그 사람은 늙은 걸까, 아니면 젊은 걸까.
 얼굴 따라 동안이 되고 노안이 되기도 하기에 여자라면 누구나 얼굴 모습과 분위기, 피부 등에서 벗어나기가 쉽지 않다. 여럿이 찍은 사진 한 장을 두고도 숲이 아닌 '나'라는 나무만을 보게 되는 것은 인지상정이다. 그런데 요즈음은 얼굴만 젊어서는 안 된다고 여겨 몸에도 관심을 안 둘 수가 없다.
 얼마 전, 몇십 년 만에 만난 그녀들 사이에 내가 있었다. 때는 초가을, 그녀들의 나이도 계절로 친다면 초가을쯤일 터였다. 보자마자, 예전 그대로라는 첫마디로 물꼬를 터 서로의 안부를 묻기 시작했다. '예전 그대로'라는 말은 그녀들에게 있어 입에 발린 소리 즉, 말치레는 아니었다. 어쨌든 두 여인은 마음도 얼굴도 나이 들지 않아 동안의 얼굴을 유지했기 때문이다.

그녀들이 마주한 서로의 모습은 20대 시절의 기억을 벗어나지 않았다. 그것은 변하지 않은 웃는 얼굴과 목소리 덕분이었다. 하지만 얼굴은 그대로라는 인사에 대꾸들은 정 반대다. 한 사람은 통통한 다리가 문제라 했고 다른 한 사람은 굵은 팔뚝 살과 상체가 흠이라 여기는 것 같았다. 주문한 음식을 기다리며 위치는 다르지만 둘 다 불필요하다고 여기는 부분의 살을 빼야 한다는데 격하게 공감했다. 그러면서도 둘은 서로의 체중 공개는 비밀이라 했다.

음식이 나오자, 며칠 전부터 딸의 통제 아래 운동을 시작한 친구가 나오는 반찬마다 열량을 따져보는 눈치다. 그도 잠시, 살 빼는 것은 생각뿐이고 눈에 들어온 음식은 남기면 안 되는 것으로 모두의 몸이 자동으로 반응했다. 먹은 음식이 살로 가는 것을 분해해주는 요술차라 여기듯 우리는 중간마다 재스민차를 홀짝홀짝 마셔줬다. 그러면서 밥과 누룽지까지 모른 체하지 않았다.

아버지는 도자기를 굽고 아이는 그림을 그리고 엄마는 조각보를 만드는 카페로 자리를 옮겼을 때는 한 김 식은 떡시루 같은 오후였다. 아버지가 구운 도자기 잉어가 벽에서 춤을 추는 카페 2층은 적당히 그늘지고 적요했다. 아이가 그렸다는 차림표 표지에 화덕피자 굽는 그림이 편안해 보였다. 서쪽 창으로 들어온 햇살이 엄마가 만들었다는 조각보를 물들이고 흔들리며 춤을 추었다. 그 아름다운 집에서도 나라를 구할 팔뚝과 근육 덩어리 통뼈다리와 내세울 것 없는 그나마 긴 다리가 계속 살 이야기로 살을 붙여 나갔다.

오를 때는 활시위 떠난 화살촉이고 빠질 때는 달팽이 수준의 속도가 된다는 살. 먹는 내내 양념처럼 뿌린 것은 자신의 살들에 대한 푸념과 변명과 하소연이었다. 나는 그녀들의 긍정적인 성격과 사람을 웃기는 재주가 부럽고 예뻤는데 그녀들의 생각은 달랐다. 둘의 대화는 탁구공처럼 쉬지 않고 왔다 갔다 했는데 그렇다고 가볍지도 멀리 튀지도 않고 땅에 떨어뜨리지도 않는 묘기를 부렸다.

그렇게 나라를 구할 팔뚝과 근육 덩어리 통뼈다리의 수십 년 터널을 지난 다섯 시간 만남은 내내 유쾌하였다. 근육도 없고 통뼈도 아닌 내게 주어진 이름은 '그나마 긴 다리'. 나는 그것으로 위안 삼으며 그녀들의 징검다리가 된 것에 뿌듯해 했다.

수십 년만의 만남은 헤어질 시간을 앞두고 카메라만 보면 슬그머니 외면하던 두 사람을 바꿔놓았다. 풍경이나 꽃 사진만 담고 다니던 그나마 긴 다리, 내가 그녀들을 찍었다. 내가 배경이 어둡다며 카메라를 켠 채 자리를 옮겨 다니자 나라를 구할 팔뚝과 근육 덩어리 통뼈다리가 제대로 찍을 줄 몰라 미리 연막 친다며 못 미더워했다. 밝지 않은 화면을 아쉬워하며 찍은 사진을 보고 나라를 구할 팔뚝은 전면 창을 자신의 등이 다 가렸다고 귀엽게 투덜댔다. 근육덩어리 통뼈다리는 탁자 밑에 숨은 다리에 안도하면서도 얼굴이 쟁반만 하다고 마음에 들어 하지 않았다.

그날 찍은 사진들 중 한 장을 봤다. 통뼈다리의 박장대소하는 모습이 담긴 사진이다. 신기한 것은 정색하고 찍은 사진에서는 자신의 결점을 찾기 바빴는데 그 사진을 볼 때는 즐거웠던 순간들을 기억했다.

여행을 가면 사진을 많이 찍어둔다는 분이 있다. 늙으면 친구보다도 추억이 좋다는 글을 읽은 적이 있는데 아마도 사진은 잊었던 기억을 불러내는 매개체가 되기 때문일 것이다. 카메라를 향해 자세를 가다듬은 사진에서는 자신의 단점을 찾기 바빴지만 있는 그대로의 모습을 포착한 사실적 그림에서는 주위의 물건들을 함께 보았고 즐거웠던 순간을 이야기했다.

모든 계절이 그렇지만 특히 가을은 어디서나 사람과 시간을 빛나게 한다. 그래서 그녀들의 계절 가을도 화사했다. 그때가 가장 빛나는 시간이었기 때문일 것이다. 자연스러운 사진은 그렇게 가장 빛나는 시간을 어떤 방법으로든 붙잡아두는 기억의 한 방편이다. 자연스럽게 찍힌 사진 한 장. 거기에는 나라를 구할 팔뚝이나 근육 덩어리 통뼈다리도 보이지 않았고 그나마 긴

다리도 없었다.

  앞으로는 자연스러운 순간을 잡아둘 줄 아는 사진 찍는 법도 익혀야겠다는 생각을 하게 했던 그 날의 사진 한 장이다.

2014. 겨울

언제 한 번

　기한 없는 약속, 지키기 참 어렵다. 미래의 내 시간을 끌어와 지금 만난 이 사람에게 충실한 인사말이라기에는 뭔가 부족하다. 아무 생각 없이 인사치레로 해 본 말이라면 꽉 찬 백 퍼센트 실언(失言)이 되기 십상이다. 경험한 바로는 시간이 지나면 허언(虛言)으로 공중에 뜨는 일이 다반사였다.
　밥 한 그릇이든 차 한 잔이든 말로 먹고 마시는 건 쉬운데 실제로 시간을 내기가 갈수록 어렵다. 밥과 차만이 아니다. 나들이도 산책도 좋은 계절에 꼭 한 번 같이 하자고 다짐을 하지만 정작 돌아온 계절에는 헛꽃처럼 열매를 맺지 못하고 지나가는 경우가 많았다. 그건 너 나 할 것 없이 너무 바쁘기 때문이다. 그러니 만나서 고봉으로 퍼 담은 밥그릇처럼 뿌듯한 시간을 만들기가 쉽지 않다.
　지키지 못해 큰 사달이 나는 일도 아니기에 모처럼 만나 헤어지는 아쉬움을 대신하는 말이 '언제 한번'이란 것을 잘 안다. 어쩌면 우리는 허언(虛言)이 될 줄 알면서도 그것에 기대 위로를 받는지도 모른다. 함께 하고 싶다는 우회적 표현이 되기도 하는 '언제 한번' 그 그릇의 색깔이 다양하다.

한 방송국 피디가 같은 아파트에 사는 이웃으로부터 언제 한번 부부끼리 저녁을 같이했으면 좋겠다는 청을 받고 남편과 어렵게 시간을 맞춰 약속을 잡았다. 식사를 마치고 나자 이웃의 그녀가 '그냥 한번 해 본 말'이었는데 정말로 밥을 같이 먹을 줄 몰랐다는 말을 했다. 어쩌면 그녀는 바쁜 사람이 시간을 내준 것에 대한 인사말이었을지도 모르는데 듣는 사람 처지에서는 자신의 소중한 시간을 훔치는 것이나 다름없이 들린 것 같았다. 차 한 잔도 아니고 밥 한번 먹자는 말을 그냥 해보았다니 싫었던 것이다.

"막내는 언제 한번 오겠다더니 바쁜지 연락도 없다." 친정엄마가 집에 들렀던 이모가 했던 말을 잊지 않고 한마디 했다. 콩이랑 고추장까지 챙겨놨는데 한 계절이 다 가도록 오지 않는 막냇동생을 기다리고 있다는 말이다. 사실, 자식인 우리보다 더 자주 내려가 온천으로 식당으로 모시고 다니는 이모다. 엄마는 시골에 혼자 있는 엄마의 시계와 도시에서 종종대는 이모의 시계가 똑같을 수 없다는 것을 잘 알 것이다. 그러면서도 '언제 한번'이라는 끈을 붙잡고 있는 것을 알기에 나는 가능하면 엄마께만은 '언제 한번'이라고 하기보다는 정확한 날짜를 정해 말하려 애쓴다. 그런 내가 요새 그 '언제 한번'의 덫에 걸려 좌불안석 중이다.

몇 년 만에 연락이 닿은 그녀와의 반가운 통화. 내가 그 미끼를 물게 된 연유다. 나는 그녀가 지금쯤 중국 어느 도시에서 열심히 음식을 만들고 있을 것으로 생각했다. 가끔 안부가 궁금해도 적응 기간이 지날 때까지 기다리자고 마음을 다독였다. 우린 늘 그런 식이었다. 그런데도 몇 달, 혹은 해를 넘겨 전화나 메일로 갑자기 안부를 전해도 매일 먹는 밥처럼 어색하지 않았다. 서로의 지나간 시간을 불러내 먼지를 털며 이야기하다 보면 서로 공감도 하고 위로를 받기도 했다.

고성이라는 바닷가에서 음식 만드는 일과는 상관없는 일에 몰두하고 있는 그녀의 이야기를 듣다 보니 보고 싶어졌다. 그래서 그녀의 '언제 한번' 오라는 청에 기다렸다는 듯 바로 대답했다. '언제 한번' 꼭 가겠노라고. 그 순간에는 거리가 상관없었고 시간적 여유도 만들면 되는 것이었다. 마음은 그랬다. 무엇이든 할 수 있고 갈 수 있으며 해낼 수 있는 것. 요새 그것의 발목을 잡는 것이 시간이고 또 마음인 것을 깨닫는 중이다.

"꼭 한번 갈게요."

봄이 오기 전에 다시 일상의 쳇바퀴 속으로 들어가기 전에 이 약속을 지키고 싶다. 바쁘게 찧은 방아에도 손 놀 틈이 있다고 했으니 고성에 봄이 오기 전에 겨울이 다 가기 전에 시간을 낸다면 더욱 좋겠다. 친구를 만나 그간의 이야기를 듣고 새로 시작한 그녀의 시간과 먼 길 달려간 내 마음에 반달 하나 만들 수 있다면 더없이 좋으리라.

박수도 손뼉을 마주쳐야 하듯 혼자서는 안 되는 것이 '언제 한번'이라는 약속이다. '언제 한번'은 언제까지나 '언제 한번'으로 남을 수도 있다. 직장인들이 가장 많이 하는 빈말이 "언제 밥 한번 먹어요."이며 그 말을 들은 상대도 대부분 빈말이겠거니 한다는 조사결과가 있다고 한다. 그래도 나는 '언제 한번'이라는 인사말이 따뜻하게 들릴 때가 더 많다. 올해는 '언제 한번'이라는 기한 없는 약속에 대한 수첩이라도 만들어 두고 빈말이 되지 않도록 지켜보면 어떨지 생각 중이다.

2014 겨울.

사라진 한 장

 빌려 온 두 권의 책, 검은색 표지의 책은 여러 사람의 손길을 거쳐 모서리가 낡았고, 하얀색 표지의 책은 보호를 위해 입혀놓은 비닐 커버 덕분에 새 책 같다. 겉으로 보기에 먼저 태어난 책은 새것 같고 늦게 나온 새 책은 오래되어 낡은 것처럼 보였다. 서로 다른 얼굴이지만 두 책의 내용은 나무와 뿌리처럼 얽혀 있는 한 작가의 책이다. 의도하고 빌린 것이 아닌데 흑과 백의 표지가 묘하다.
 먼저 하얀색 표지의 책을 펼쳤다. 몇 장 넘기지도 않았는데 쪽과 쪽 사이 허전함이 느껴졌다. 사라진 한 장의 내용을 가늠하기 위해 앞장과 뒷장을 읽어봤다. 앞장의 <밤이 깊을수록 별은 더욱 빛난다>와 뒷장 <훈도(薰陶)의 가마>라는 내용만으로 사라진 쪽의 내용을 가늠할 수 없다. 그것은 이 책이 서화수필이기 때문이다. 그런데도 읽지 못한 페이지가 목에 걸린 가시가 되어 다음 장으로 넘어갈 수 없게 했다. 궁금한 것을 못 참아 목차를 펼치니 나뭇가지에 걸린 연처럼 제목이 매달려있다. '왜, 제목도 떼어 가시지 않고'. 한 장을 베어간 누군가를 향한 볼멘소리가 마음속에서 꿈틀거렸다. 하지만 남아있는 흔적으로 보아 갈등 없이 베어내진 않은 것 같았다.

사라진 한 장. 누군가 칼로 잘라가며 입힌 상처가 검은 딱지 되어 길게 누워있다. 세우면 날 선 수직이 되어 숫자 1이 되었고 가로 눕히면 칼날 같은 수평으로 하나 일(一)이 되었다. 어떻게 해도 남은 칼자국은 상처를 연상시켰다. 사라진 한 페이지를 허공으로 넘기고 다음 장으로 향했다. <봄이 오는 곳> 이야기를 읽고 노란 <나비의 역사>를 거쳐 <목수의 집>에 다다랐을 때 기둥이라는 단어에서 더 나가지 못했다.

한때는 500여 쪽의 책을 밤을 새워 넘겼던 적도 있다. 지금은 한 번에 수십 페이지 넘기기가 쉽지 않다. 이제는 책을 빨리 읽지 못하기 때문이다. 가끔은 한 문장 안에서 소용돌이치는 물처럼 맴돌기도 하고 읽고 뒤돌아서면 까맣게 잊기도 한다. 꽂아둔 갈피표의 기억조차 잊었던 책도 부지기수다. 책을 읽는 것이 아니라 보고 있다는 것이 더 맞겠다. 읽는 시간보다 보기만 하는 시간이 더 길어진 지 오래인 지금, 이젠 보는 것을 떠나 아예 활자를 베고 누워 무념무상으로 빠져드는 일이 잦다. 이 책의 글과 그림이 뿌려놓은 잠은 부드럽고 달콤했다.

순식간에 눈이 감기고 낱자 위에 올라탄 나는 깃털처럼 가벼이 활자 위를 날아 숲으로 들어갔다.

앞장선 선생님이 나무에 구멍을 뚫었다. 나무의 둥치와 나이테 측정기가 직각을 이루었다. 한참 동안 조심스러운 작업 끝에 빼낸 측정기 속에 나무의 나이가 담겨있다. 눈을 크게 뜨고 가느다란 선을 세어봤다. 나무가 보낸 살찐 여름과 마른 겨울이 담긴 나이테가 찌그러진 원형을 상상하게 했다. 살펴본 나무의 둥치는 나이테 모양과 달리 둥글었다. 바람이 불자 제 살을 내놓은 나무의 이파리가 우수수 떨어졌다.

툭, 그것은 나뭇잎이 아니라 꾸벅꾸벅 졸다가 손에서 책 떨어뜨리는 소리였다. 바닥에 떨어진 책은 읽던 페이지가 어딘지 모르도록 입을 닫고 있다. 사라진 페이지에 들어있는 내용을 꿈으로 꾼 것이 분명했다. 책에서 읽지 못한 <나무의 나이테>를 인터넷에서 찾아봤다.
"나무의 나이테가 우리에게 가르치는 것은 나무는 겨울에도 자란다는 사실입니다. 그리고 겨울에 자란 부분일수록 여름에 자란 부분보다 더 단단하다는 사실입니다." 누군가 베어 간 한 장의 내용이다.
빌려온 두 권의 책. 묘한 것은 흑과 백의 표지만이 아니었다. 한 권에서는 누군가 훔쳐간 한 페이지를 보았고 다른 한 권에서는 갈피표처럼 꽂혀있는 곱게 접힌 휴지 한쪽을 보았다. 그것은 책을 아끼는 마음에 접는 것도 조심스러워 갈피표 대신 끼워 넣은 휴지였다. 사라진 한쪽과 끼워놓은 휴지를 보며 서로 다른 상상을 했다. 찢겨나간 백의 책에서는 흑심을 발견했고 휴지를 끼워놓은 흑의 책에서는 백의 마음을 발견했다. 두 권의 책 표지가 사람의 마음과 다르지 않아 보였던 새해 첫 독서의 느낌이다.

하얀색 표지의 서화수필 마지막 장을 읽고 다시 앞 페이지로 가 삼독(三讀)으로 가는 두 번째 읽기에 도전했다. 이 겨울, 내 안의 나이테는 얼마나 단단하게 자라고 있을 것인가를 생각하면서. 부디 이 책이 내 휴독(休讀)의 끝이며 열독(熱讀)의 시작이 되고 내 안에 비어있는 그릇에 나이테를 채우는 첫걸음이 되길 바라면서.

2015. 겨울.

오 천 원

　나룻이 석 자라도 먹어야 샌님이랬다고 배가 고프면 다 소용없다. 오라는 곳 없어도 갈 곳 많아지는 세밑을 수놓느라 바쁜데 뱃속에서도 아우성이다. 간단한 요기를 위해 시장통 호박죽 집으로 발길을 돌린다. 입구에서 죽 한 그릇 시키고 안으로 들어가니 빈자리가 없다. 탁자 수는 적고 사람은 많은데 다행히 물 흐르듯 순환이 잘 된다. 그릇에 넘칠 듯 퍼 담은 호박죽이 금방 나왔다. 자리에 앉기 무섭게 나박김치와 함께 게 눈 감추듯 해치웠다. 죽 값으로 3,500원을 내고 나오는데 아랫배가 든든하면서 눈앞이 환해진다. 3,500원짜리 호박죽 한 그릇이 35,000원짜리 밥 한 끼 부럽지 않다. 배부르니 모임에 필요한 선물을 고르러 발품 팔고 머리 굴려보는 일도 즐거워진다.
　다시 못 올 한해의 몇 시간을 친구들과 같이 보내기로 했다. 모처럼 모여 밥 먹고 차 마시며 한담을 나누는 것도 좋지만 짧은 시간을 재미와 의미로 버무려보자는 발상으로 각자 작은 선물을 준비해보기로 했다. 가격도 딱 5,000원으로 정했다. 5,000원으로 할 수 있는 게 무엇이 있을까.

적은 금액을 정해 놓고 유치한 것 아니냐는 의견도 있어 새삼 나이를 꼽아보기도 했으나 우리는 개의치 않기로 했다. 나이는 의미 있는 시간을 만드는 것에 걸림돌이 안 된다는 긍정적 생각이 앞섰다. 스스로 추억을 만드는 것만큼 행복한 일이 어디 있을까. '당신이 행복하지 못한 것은 불행해서가 아니라 행복을 모르는 사람일 뿐이다.'라는 말처럼 우리는 그날 겨드랑이 어딘가에 갇혀 있는 순수함을 깨우는 것은 통이 큰 씀씀이도 아니고 나이에 걸맞은 생각도 아님을 보고 즐겼다.

만남이 있던 날, 점심상을 물리자마자 가져온 선물들을 향해 머리를 맞대고 둘러앉았다. 순서를 정하는 가위바위보에도 모두 흥분했다. 차례가 정해지자 이번에는 같은 금액인데도 저마다 다른 선물의 부피에 눈길이 모였다. 예쁜 꽃무늬가 있는 실내화용 덧신 두 켤레를 고른 친구가 정말 필요한 것이었다며 즐거워했다. 계절에 맞게 손 크림과 발 크림 세트를 고른 친구도 있다. 향초와 촛대를 뽑은 친구는 촛불 켜놓고 포도주 마실 생각에 입이 귀에 걸렸다. 내겐 작은 집 한 채가 걸렸다. 동화 속에나 있을 법한 분홍 기와가 얹어진 작은 집 속에는 겨울이면 버석거리는 손을 달래줄 손 크림이 가득 채워져 있었다.

이제 아이들 세뱃돈도 5,000원을 주기에는 머뭇거려지고 시집 한 권도 그 돈으로는 어림없다. 그런데도 5,000원은 여전히 자기 자신의 가치를 유감없이 발휘한다. 5,000원은, 며칠 전 맛있게 먹은 호박죽 값으로도 충분한 금액이고 재래시장 골목에서 파는 칼국수 한 그릇 배불리 먹고 거스름돈까지 받을 수도 있다. 김밥을 몇 줄 살 수도 있고 짬뽕이나 해장국도 먹을 수 있다. 시간과 날짜 선택만 잘하면 영화도 볼 수 있으며 네 번까지는 환승이 가능한 버스를 타고 시내버스 여행도 해볼 만하다. 남대문시장에서 스카프를 두 장 사서 친구와 따뜻함을 공유하는데도 5,000원이면 충분했다.

전국에 흩어져 사는 여덟 명의 친구들을 이 년에 한 번씩 만난다. 1994년 첫 만남부터 1박 2일로 시작하였다. 그 모임의 첫 회비가 매달 5,000원이다. 이십여 년 동안 모임을 건너뛴 적이 한 번도 없다. 중간에 회비를 만 원으로 올린 적이 있었으나 물가가 상승하는 것과는 반대로 다시 처음의 5,000원으로 유지하고 있다. 맛난 것 먹고 구경도 하고 게임을 하고 선물까지 나누는데도 통장 잔액이 여유 있는 걸 보면 신기하다.

한 해의 끝자락에서 이래저래 떠올려 본 숫자 5,000. 물론 만 원, 이만 원, 그보다 더한 금액대의 선물을 살 수도 정할 수 있었다. 하지만 우린 오죽과 초충도가 그려진 '5,000원'에 기대보기로 했다. 순전히 만남의 시간을 맨송맨송하게 날리기 아쉽다는 생각 덕분이었다.

　최근 조사에 의하면 노년에 가장 필요한 것 중 하나가 친구라고 한다. 좋은 친구는 건강에도 좋다는 말이 있다. 친구는 옛 친구가 좋고 옷은 새 옷이 좋다는 속담도 있지만, 요즈음에는 친구도 친구 나름이고 옷도 옷 나름이다. 가장 중요한 것은 그냥 쌓인 시간이 아니라 서로 공감이 가능한 마음으로 통하는 친구가 아닐지. 여성학자인 박혜란 선생은 《나이 듦에 대하여》라는 책에서 "저물녘을 함께 걷는 친구가 있으면 노년도 한결 덜 외로울 것이다."라고 했다. 같은 곳을 바라보고 서로의 생각과 느낌을 나눌 수 있는 '친구'가 소중해지고 있는 요즈음이다.

2014년 겨울

06 그리고 · 하나

 '딩동' 휴대폰 알림음이 울렸다. 지난밤 무음으로 돌려놓고 자는 것을 잊었던 모양이다. 날도 밝기 전인데 합창이라도 하듯 연거푸 울리는 소리에 자연스럽게 아침잠이 깼다. 친구들이 모인 카카오톡 방에서 방앗간 참새 떼들의 재잘거림처럼 알림음이 그칠 줄 모르고 울리고 있다.
 문을 열고 들어가 보니 오랫동안 모습을 볼 수 없었던 친구가 들어왔다 나갔는데 그녀가 남긴 흔적이라곤 '06'이라는 숫자뿐이다. 반갑기도 하고 남긴 숫자도 궁금하여 한마디씩 하느라 그리 소란스러웠던 모양이다. 하지만 매달린 글에 아무런 답도 없으니 추측은 꼬리에 꼬리를 물었다. 한동안 뜸했던 친구가 모임방에 던지고 나간 숫자 하나가 군불을 지펴 구들장이 달궈지다 못해 쩔쩔 끓고 있었다.
 정작 불을 꺼 줘야 할 당사자는 나타날 기미가 보이지 않는다. 나도 그 숫자가 궁금했다. 내 머릿속은 6과 관련된 상상에 분주해졌다. '순수한 6살로 돌아간다면?' '10을 접은 5라는 경계에서 오늘은 6방향으로 약간 기욺?' '못 본 친구 여섯 명이 그립다?' 짧은 생각들을 적어놓고 아침 신문을 집어 들었다.

오늘은 건강 관련 기사가 눈에 띈다. 그러고 보니 최근 수술을 해서 심신이 지쳐있을 친구에게는 그 무엇보다도 삶에 대해 성찰할 시간이 많아졌을 거라는 생각이 들었다. 아직도 숫자 6의 그물에서 벗어나지 못하고 있음이 분명했다.

다시 들어가 '꼭 놓치지 않고 하고 싶은 버킷리스트 6가지?'로 바꿔놓았다. 그동안에도 그 친구는 여전히 반응이 없다. 한 친구는 '그동안 0에서 6까지 발전했구먼.'이라 했고 다른 친구들은 '복권 번호' '6시에 일어남.' '퇴원 6일째.' 등으로 저마다 자신들의 생각을 남겼다.

잠깐의 소동을 겪고 난 후, 모두 자신들의 일터로 출근하며 06에 대한 의문은 시간 저편으로 사라지는 것 같았다. 그런데 며칠 후, 그 친구가 이번엔 '·' 하나만 달랑 찍어놓고 나갔다. 이번에도 의견들이 분분했으나 누구도 알 수 없이 지나갔다. 다들 안부 통화를 하면서도 누구도 두 건의 카카오톡 내용에 관해 물어본 친구는 없는 모양이었다.

얼마 전 통화를 하며 그날 일이 생각나 친구에게 물어보았다. 답은 있으나 풀이과정이 없는 수학문제 같았던 숫자. 그에 대한 친구의 설명은 간단했다. 새벽에 일어나 잠이 오지 않아 그동안 읽지 못했던 대화내용들을 다 보고 나니 아침 6시여서 '06'을 남겼고, 그 며칠 후 찍힌 '·' 하나는 내가 다녀갔다는 흔적으로 남긴 것이라 했다. 아! 그랬구나.

친구의 대답을 듣는데 빅토르 위고의 일화가 생각났다. 자신의 소설《레 미제라블》이 서점에서 얼마나 잘 나가는지 궁금했던 그가 출판사에 편지를 보냈다. 오랜 궁리 끝에 '?'하나만 달랑 써서 보냈는데 돌아온 답장에 '!' 가 찍혀있는 것을 보고 가슴을 쓸어내렸다. 문장부호 하나에 압축된 그 사람의 마음을 읽는 일은 공감하고 상대를 이해해야만 가능한 일이다.

많은 말과 글이 난무하는 시대다. 그래서 가끔은 글로 표현하는 일도 조심스럽고 어렵다. 그래서인지, 그렇기 때문인지는 알 수 없으나 나는 글이 긴 편에 속한다. 문자나 카카오톡에 쓰는 것도 시간과 장소와 마음의 흐름을 제대로 전달해야만 할 것 같은 강박에 싸여있는지도 모른다.

친구들이 모이는 카카오 톡 방에서의 대화는 재미와 진지 사이를 오가는데 그 중 글 길이가 가장 긴 것은 나뿐이다. 가끔 짧게 쓰기도 하지만 대개는 길게 쓰고 그도 모자라 부연을 달기도 한다. 시간이 안 되어 그냥 보고만 나오기 그럴 때에도 이모티콘에 한 마디라도 찍어 올리고 나와 줘야 마음이 편했다. 그런데 친구의 암호 같은 '06'과 '·'을 보고 나서는 읽는 맛만 생각했지 생각하는 맛을 줄 줄 몰랐던 나를 돌아보게 되었다. 친구가 남긴 짧은 흔적은 내게 쓰기의 다이어트를 생각하게 했다.

많은 말을 쏟아내고 글을 쓰며 살아가고 있다. 말이 많은 편이 아니지만, 가끔 말을 많이 한 날이면 속이 허하고 피곤하다. 하지만 글을 많이 썼던 날에 그런 감정을 느껴본 적은 없었던 것 같다.

"아, 오늘은 말을 너무 많이 했어." 며칠 전 오후에 초등학생 둘이 내 곁을 지나가며 했던 말이다. 말을 줄여야겠다는 것인지 말을 많이 해서 힘들다는 것인지 알 수 없지만, 그 말이 오래도록 머릿속에 남았다.

말[言]도 말[馬]처럼 달리기한다. 달음질치다 넘어지면 상처를 입기도 한다. 아물 때까지는 조심하게도 된다. 상처 주는 말들이 난무하는 시대다. 말로 주고받은 상처는 말로 치료할 수 없다. 가장 좋은 약이 시간과 침묵임을 경험했기 때문이다. 때로는 위로도 말보다는 침묵이 더 힘이 될 때가 있다. 지금은 말도 넘치고 글도 넘치고 살까지 넘치는 시대다. 넘치는 살에 대한 처방은 다양한데 넘치는 말에 대한 처방은 들어본 바가 없다. 말과 글도 적당한 다이어트가 요구되는 때다. 꼭 먹어야 할 필수영양소처럼 말을 잘 하는 지혜가 필요하다.

그러나 나는 오늘도 글이 길어졌고 하지 않아도 될 말을 많이 했다.

2014. 겨울

기억은 서로 다른 퍼즐이다

　오랜만에 친구를 만났다. 가까이 살면서도 서로 바빠 자주 얼굴을 못 봤던 친구다. 모처럼 우리는 영화를 보고 점심을 먹고 차까지 마셨다. 시계를 봤을 땐 저녁준비를 해야 할 시간이었다. 대가족을 둔 친구도 식구가 단출한 나도 슬슬 자유의 날개를 접을 시간이었다. 우리는 시내로 나온 김에 편하게 저녁 해결할 방법을 찾아 시장으로 향했다.
　손님을 부르는 목소리 때문일까. 재래시장의 저녁은 낮보다 더 활발했다. 시장은 아침에 베이스나 알토로 시작하여 바리톤과 메조소프라노를 거쳐 저녁에는 테너와 소프라노로 활기가 절정에 달했다. 손님들의 발걸음도 그에 따라 분주해졌다. 서둘러 유명한 곱창 골목으로 들어서니 바깥 골목과는 다르게 조금 한가했다. 매콤한 맛의 상징처럼 붉은 앞치마를 두른 주인들의 얼굴이 형광등 불빛 아래서 발그레했다. 우리를 부르는 그들의 목소리가 곱창처럼 구불구불하게 들렸다.

익숙한 것이 편하듯 물건도 사던 집에서만 사게 된다. 항상 가던 집으로 이끄는 내게 친구가 육수도 주는지 물었다. 한 번도 육수를 받아간 적이 없는 나는 고개를 갸웃했다. 친구는 단골이 중요한 것이 아니라 반드시 육수를 주는 곳으로 가야 한다고 다짐을 놓았다. 내가 가던 집은 육수가 없는 집이라 친구와 골목 안에 있는 가게 몇 군데를 돌며 육수를 곁들여주는지 물어봤다. 모두 볶을 때 약간의 생수를 넣기는 하지만 육수는 넣지 않는다고 했다. 친구는 언젠가 시어머니와 함께 육수 넣은 곱창볶음을 맛있게 먹고 포장까지 해갔는데 그럴 리 없다며 골목 끝까지 다녀왔다. 육수를 쓰는 집이 한 집도 없다는 대답에도 수긍의 기미가 보이지 않던 친구는 결국 내 말에 등 떠밀려 육수 없는 곱창볶음을 샀다.

주인은 나와 같은 양의 주문인데도 양념을 더 주고 순대도 한 움큼 더 넣어주었다. 친절하게 볶는 방법을 재차 설명해주며 명함까지 얹어주었다. 육수 없이도 맛있을 테니 먹어보고 다시 오라는 자신감이 느껴졌다. 하지만 친구는, 분명히 이 골목 어느 집에서 먹었던 기억을 절대적으로 믿었다. 나는 자신의 기억을 확신하는 친구의 말에 조금 민망해졌다. 그 사이 맛을 내는 방법이 변한 것이라고 단언하는 친구를 끌다시피 식당 골목에서 벗어났다.

그리고 집으로 돌아오는 버스 안에서 친구의 문자를 받았다. 다른 시장의 곱창 골목이었다는 것이 생각났다고 했다. 같은 메뉴를 파는 식당들이야 어느 지역에나 있을 것이고 더구나 같은 음식을 먹었을 테니 당연히 비슷한 골목의 느낌이 들었을 것이었다. "친구분이 고집이 있으시네요."라던 식당 주인의 말이 생각나 웃음이 나왔다. 늦은 밤 곱창볶음이 아주 맛있었다는 친구의 문자가 하나 더 왔다. 내가 만든 음식에 대한 평가도 아닌데 적이 안심되었다. 육수 없이 생수로 맛을 낸 곱창볶음이 정말 맛있었노라고 덧붙인 문자를 보며 내 기억은 어디까지 믿을 수 있을까라는 의문이 들었다.

과거의 사건을 선명하게 기억한다고 곧잘 이야기한다. 하지만 우리가 기억하는 내용은 실제 경험한 사건 중 극히 일부에 불과했다. 그나마도 대부분 무의식 속에 묻히거나 교묘히 왜곡되기 일쑤라고 한다. 비슷비슷한 기억들에 큰 영향을 끼쳐 특별한 추억으로 기억되게 하는 것은 당시 느낀 감정이다. 친구는 그날 시어머니와 맛있게 먹었던 기억과 함께 주인이 건넨 육수가 그 비법이라 여겼다. 시어머니와 곱창볶음, 육수라는 조각들만 기억한 친구는 분명 그곳이 자신이 갔던 식당거리라고 믿었다.

'지금'을 중심으로 과거의 조각들을 이어 붙여 정확한 기억이라고 믿는 일이 종종 생긴다. 원하고 작정해서가 아니라 얼마든지 왜곡이 가능한 것이 '기억'이라는 것이기 때문이다. 불완전한 단편의 기억이 무의식의 반영과 손을 잡으면 완벽한 한 편의 왜곡된 기억으로 재생산되기도 한다. 거기에 감정이라는 양념이 곁들여지면 만들어진 기억은 더 완벽해질 것이다. 사람은 보고 싶은 것만 보고 기억하고 싶은 것만 생각한다고 했다. 지금 내가 기억하고 있는 것 중 완벽한 것은 얼마나 될까. 현실과 맞닿아있지 않은 수많은 과거의 기억들은 퍼즐 조각으로 떠돌아다니다가 어느 날 따로따로 만나 하나의 추억으로 포장될지도 모른다.

"쉬지 말고 기록하라. 기억은 흐려지고 생각은 사라진다. 머리를 믿지 말고 손을 믿어라."

다산 선생의 말이다. 하지만 우리는 손보다는 머리를 더 믿는 일들이 빈번하여 왜곡된 기억의 배에 오르는 일이 자주 생긴다.

2015 겨울.

오늘도 산책 한 편
―창작노트

 걷고 싶을 때, 때맞춰 피고 지는 풀꽃이 궁금할 때 집 앞 안양천으로 나간다. 갔던 길을 되짚어 오기보다는 징검다리를 건너 한 바퀴 도는 코스를 좋아한다. 낮은 징검다리는 여름을 제외한 계절에는 물에 젖거나 잠길 일이 없는데 비가 잦은 장마철에는 물기 마를 일이 없다. 그래서 그 다리를 건너려면 신발을 적시거나 양말 벗고 맨발로 건너거나 둘 중 하나를 택해야 한다. 그도 아니면 왔던 길을 되짚어가거나 좀 더 아래 있는 큰 다리를 건너 더 걷는 편을 택한다. 어떻게 하든 집으로 가는 길은 여러 가지다. 그날 기분에 따라 선택을 하는데 어떤 코스를 택하든 집에 도착했을 때는 뿌듯하고 개운하다.
 그 길을 걸을 때마다 생각한다. 글 쓰는 일이 이와 다르지 않음을. 물 마른 징검다리 건너듯 쉽게 써지는 때도 있는가 하면 물에 잠긴 다리를 보며 양말을 벗을 것인지 그대로 건널 것인지 생각하듯 써놓은 글을 보고 또 보며 취사선택에 대해 고민을 하기도 한다. 아예 먼 길을 돌아 집으로 가는 것처럼 어떤 글은 달과 해를 두고 묵혀 겨우 한 편을 완성할 때도 있다.

쓰는 일은 말과 다르지 않아 걷는 일처럼 늘 조심스럽다. 성급히 걸으면 어느 한 곳에 문제가 생기는 것처럼 빨리 쓴 글은 어딘가 허술하고 허점투성이가 된다. 그런 것이 보이기에 짧고 길게 써놓은 글들을 반복해 읽는다. 완벽하지 않을 객관성을 유지하기 위한 줄을 붙잡고 살피며 보편성을 띠는 글인지 따져보기도 한다. 그럼에도 불구하고 채우지 못할 능력 밖의 부족함은 드러난다. 그래도 나는 여전히 뛰기보다 걷기가 편하듯 금방 뱉어내는 말보다는 글이 편하다.

그것은 글을 쓰는 절차탁마의 과정을 통해 내 나름 정신적 위안을 얻고 있기 때문일 것이다. 현실과 상상 사이의 줄타기를 통해 나를 돌아보는 일이 즐겁고 나날이 변하는 산책로의 식물들 모습에 설레는 것처럼 글을 쓰며 몰랐던 것들을 알게 되는 것도 행복하다.

오늘도 징검다리를 건너듯 나만이 건널 수 있는 글쓰기의 다리를 천천히 건넌다. 경중경중 가볍게 뛰어보기도 하고, 때로는 양말을 벗고 천천히 건너기도 하고, 가끔은 먼 길을 돌아서 걷기도 하며. 여러 방법의 길을 통해 쓰인 내 글은 쉽게 완성된 글이 별로 없다. 쉽게 내놓지 못하는 마음처럼 글도 그럴 것이다. 한동안 걷지 못하는 때가 있는 것처럼 긴 시간 쓰지 못할 때도 있다.

때로는 수없이 읽고 다듬은 글도 있고 흘려보았던 소재를 제대로 보기 위해 갔던 곳을 다시 찾아가기도 한다. 경험과 체험으로도 체화되지 않는 것들은 책을 찾아 읽는다. 그런데도 싱겁거나 짠 음식이 되어 나오는 것은 내 능력부족이다.

그럼에도 불구하고 앞으로도 나는 돼지 목에 진주처럼 보일지 모르는 이 글쓰기를 쉽게 버리지 못할 것이다. 직립보행에서 벗어나지 못하는 인간이기에 걷는 일을 멈추지 못하는 것처럼.

오늘은 작정하고 긴 코스를 택해 걷고 들어왔다. 앞으로 오랫동안 이 글쓰기를 멈추지 않기를 바라는 마음으로.

2014. 가을

현대인의 향수

김우종 | 문학평론가

1. 아름다운 서정

　문학은 언어예술이다. 실험실에서 현미경으로 놀라운 것을 발견하듯 문인은 언어에 대하여 남달리 섬세하고 예민한 감지력을 지니고 이를 도구로 삼는다. 문학은 이런 언어를 구사해서 사상과 감정을 표현한다. 또 그 이야기들은 현실일 뿐만 아니라 현실이 아닌 상상의 세계도 펼쳐 나간다. 그리고 문학은 이런 세계에 아름다운 꽃을 심는다. 이렇게 문학은 언어로써 상상을 통하여 사상과 감정을 아름답게 표현하는 예술이다. 그러니까 문학은 이 다섯 가지 조건의 합성으로 만들어지는 결정체다. 그중 한 가지라도 빼버리면 문학이 될 수 없거나 함량 미달의 영양결핍증의 산물이 된다.
　김기화의 수필은 위와 같은 문학의 조건을 잘 의식하고 쓰는 글이다. 다만 이런 조건은 작가마다 더 두드러진 부위가 있고 그것이 그 작가의 이름을 대신하게도 된다.

　김기화는 그중에서 감정 표현이 더 두드러진 작가다. 감정을 읊는 것을 서정이라 하므로 이 작가는 서정 수필의 색깔이 짙은 작가라고 말할 수 있다. 물론 이런 경향은 한국 수필의 일반적인 경향이지만 김기화는 남들과 좀 다른 색깔을 지닌 서정 수필을 보여 주고 있다. 우리말을 풍부하게 간직하고 표현 대상마다 적절한 어휘를 동원해서 잘 다듬어진 문장력으로 작품을 다듬어나간다는 의미에서 매우 개성이 짙은 서정 수필의 작가다. 다만 풍부한 언어라면 일반 독자들로서는 일상적으로 사용해 보지도 못한 말도 동원되기 때문에 때때로 어려움도 있지만 그만큼 신선한 매력을 주기도 한다. 이런 서정성은 상대적인 개념으로 보자면 사상적 무게는 약하다는 의미가 될 수 있다. 그렇지만 이 때문에 문학적 가치가 떨어지는 것은 아니다. 표현의 언어가 다를 뿐이다. 침대 속에서 나누는 사랑의 속삭임을 사상성이 없다고 탓할 철학자는 없다. 오히려 거기서 철학만 지껄일 줄 아는 사람은 머지않아서 침대를 따로 쓰는 부부가 되고 말 것이다.

　김기화의 작품은 서정성이 강하되 그것은 외형적으로 나타나는 상대적 특성이며 내용을 보면 작자의 비판적 정신이 저변에 짙게 깔려 있는 서정성이다. 비판적 정신은 곧 사상성이 된다.

2. 현대 도시 문명에 대한 비판

<해우소 앞에 핀 꽃>에서는 뒷간에 들어갔다가 기겁을 하고 뛰어나오는 여인들이 있다. 그들이 여인들이고 그 뒤에 들어갔다는 작자도 여인이기 때문에 점잖지 못한 장면이 연상되기도 한다. 그리고 냄새도 풍긴다. 양반집 마나님의 글이 아닌 듯하다. 그런데 수치심이나 혐오감 등의 단어와는 아무 관계도 없다. 오히려 순수성이 감지된다. 감춰진 비밀이 없이 적절하게 앞뒤의 이야기가 잘 정리되어 나가고 있고 좋은 문장이 이를 받쳐 주고 있어서 맑고 순수하다.

낡은 발판을 보수하느라 덧댄 판자를 밟을 때마다 바닥이 바닷물처럼 출렁이니 행여 부러지기라도 하면 저 아래 근심 덩어리 속으로 처박힐 것은 자명한 일이었기 때문이다.
벌게진 얼굴로 문을 박차듯 밀고 나오니 해우소 앞의 겹벚꽃이 배시시 웃고 있다. 육체가 지녔던 근심 자락 털고 나온 이를 반겨주는 꽃 빛이 그늘 속에서 유난히 맑다. 바람처럼 몰려와 그 중 몇몇이 버리고 갔을 근심 덩어리들의 풀린 끝처럼. 그 끝자락에 뒷간에서 퍼낸 거름 먹고 피어났던 참깨 꽃이 따라 나온다.

바닷물처럼 출렁이는 나무판자에 어떻게 앉아서 일을 마쳤을지 궁금하고 웃음이 나온다. 정호경 작가가 소년 때부터 몇 차례 바지 속에 저지른 일들을 고백한 <낭패기>로 해학문학의 진수를 보였다고 평가를 받고 있지만 김기화의 이것은 해학문학은 아니다. 그냥 자연스럽게 누구나 살아가면서 하루 한 번씩 보는 일을 적었을 뿐인데 재미도 있지만, 매우 친근감을 준다. 특히 해우소에서 나오자 그 앞에서 반겨 주던 겹벚꽃 때문에 전체가 아름다운 그림이 된다.

그런데 겹벚꽃이 그렇게 해우소 바로 앞에 있었다 하더라도 이것을 작가의 내면적인 의식의 눈으로 보는 사람이 있고 아닌 사람이 있다. 김기화는 이것을 내면적인 의식의 눈으로 보고 말하고 있다. 그럼으로써 자연과 인간의 삶이 무엇인지 그 본질을 말하고 현대인의 삶을 질타하기 위한 소재로 삼고 있다. 그러니까 해우소와 겹벚꽃은 마치 치밀하게 계산된 구도를 지니고 그 자리에 배치된 소도구 같다.

이 작품에서는 자연 속에서 흙냄새에 묻혀 살아온 사람과 도시적 삶에 길든 사람과의 대비가 분명하게 나타나고 있다. 작자는 전자에 속하며 작자보다 앞서서 그 안에 들어갔다가 기겁을 하고 뛰어나온 사람들은 도시적 삶에 길든 사람들이다. 도시에서 깨끗한 좌변기를 애용해 오는 데만 익숙해진 사람에게 그 똥 뒷간은 야만인의 유물이었던 셈이다.

그런데 작자는 이렇게 양쪽을 대비시켜 나가는 자리에 겹벚꽃을 등장시킴으로써 3각 구도를 만들고 있다. 그것은 해우소의 그것을 먹고 자라며 핀 꽃이다. 해우소의 그것이 없었다면 겹벚꽃은 피지 않았다. 그런 해우소의 배설물이 없었다면 아름다운 세상은 만들어지지 않았다는 뜻이다. 물론 얼마든지 화학비료와 비닐하우스만 있으면 겨울에도 도시에서 꽃을 볼 수 있지만, 작자가 보여 주며 말하고 있는 것은 자연의 아름다움이다. 인간의 배설물이 꽃의 양분으로 돌아가고 그 꽃을 보게 되는 자연의 순환논리는 그것 자체가 서로 모두 도움을 주고 공존하며 잘 돌아가고 있다는 증언이다. 즉 자연에 대한 외경이요 사랑이요 인간과 다른 모든 것과의 화해와 공존의 사상이 된다.

이런 의미에서 작자는 이렇게 자연에 동화되고 자연과 공존하는 삶을 찬미하고 정을 붙이며 그 저변에서 자연을 잃어버리고 인간적 정서를 상실한 현대 도시문명을 비판하는 사상성을 은근히 깔아 놓고 있다. 그리고 표현도 재미있고 지혜롭다. 똥이라는 말 대신 근심 덩어리라 했다. 해우소라는 이름에 꼭 맞는 용어를 구사해서 철학적 의미를 점잖게 담으며 냄새를 씻어 놓았으니 '문학은 언어예술이다.'라는 특성을 잘 살린 것이다.

3. 노스탤지어와 원형 찾기

서정 수필로서의 김기화의 문학적 소재는 대개 과거의 시간

속에서 찾아볼 수 있다. 그리고 이것은 매우 강한 그리움을 자아내는 노스텔지어의 서정성이다. 우리는 세월이 흘러가는 동안 아주 많은 것을 길바닥에 흘리며 잃어버리고 또는 그런 줄도 모르며 잊어버리고 산다. 그처럼 앞을 향해 달리기만 하고 있다가 고개를 뒤로 돌리면 그리움이 솟는다. 이 그리움은 김기화의 작품에서 어떤 의미를 지니는 것일까?

우리는 흔한 말로 '놓친 열차는 아름답다.'고 한다. 과거지향적 소재들이 동원되는 작품들의 매력은 이처럼 놓쳐 버린 것, 바꿔 말하면 다시 만날 수 없다는 아쉬움이 눈물을 자아내기 때문일까? 김기화 수필을 읽는 것은 시간의 열차를 타는 것과 같다. 이 차를 타면 우리는 먼 과거의 어느 시골 정거장으로 안내된다. 그런데 그것은 다시 돌아갈 수 없는 과거의 시간이기 때문에 그리워지고 눈물이 나기 쉽다. 작자가 옛날에 살던 시골 정거장에는 흙이 있고 거름 냄새가 있고 초가가 있고 농기구를 다루는 부모님이 계시다. 바로 농촌이다.

<육철낫>에서 보면 어머니는 대장간에서 수없이 달구고 두드려서 만드는 조선낫을 잘 갈아 쓰며 씩씩하게 살아가던 아줌마다. 아버지도 무거운 지게를 평생 지고 살다가 가신 분이다. 아버지는 큰비로 강물이 불어서 떠내려가는 편목을 건져 내어 지게에 지고 왕복 60리 길을 왕래하며 책상을 만들었다. 그 앞에 앉아서 공부하는 딸들을 보고 싶어서 힘든 줄도 모르고 신

이 나서 그 책상을 만들었던 분이다.(<앉은뱅이책상>에서)

이런 부모님과 그 딸인 작자의 삶은 동시대의 남들보다 힘겨움이 더 심한 편이기는 하지만 우리들의 과거도 대개는 이와 크게 다르지는 않을 것이다. 우리 다수는 적어도 도시산업화가 이루어지기 시작하던 70년대 초까지는 이와 비슷한 환경에서 살았기 때문이다. 남의 산에 들어가서 마음 졸이며 손가락을 갈퀴 대신으로 쓰며 땔감을 마련한 것을 보면 작자는 우리 모두의 너무도 힘들었던 과거사를 옛날의 전설처럼 들려주고 있는 것 같다.(<그설미>) 그렇다면 이런 과거가 그리운 이유는 이미 멀리 사라져 버린 것에 대한 아쉬움 때문이라는 말이 정답이 될 수 있을까?

그런 과거는 요즘 아이들이 농촌 체험 등으로 학습효과를 얻거나 일시적 호기심을 자극하는 방법으로는 한 번쯤 되돌아가 볼 만하다. 그러나 오래 버티기는 어려울 것이다. 그런데도 우리가 그 시절이 그립다는 것은 다시 붙잡을 수 없는 시간에 대한 아쉬움 때문만은 아니다. 그보다는 모천회귀의 본성이 더 많이 작용하고 있기 때문일 것이다. 민물을 떠나서 바다로 나갔던 고기들이 강렬한 욕망으로 제 고향을 되찾아 가고 그곳에서 삶을 마감하는 것이 모천회귀다. 이 본성은 설명되어야 할 특별한 이유가 없다. 우리 모두 원천적으로 그렇게 만들어져 있으므로 그 이유는 조물주에게 물어봐야 한다.

이런 모천회귀는 신화비평에서 흔히 말하는 원형(原型) 찾기가 된다. 그래서 상상 속에서 그 시절로 되돌아가는 문학은 더욱 강한 호소력을 지니게 된다. 김기화의 문학은 이런 소재를 좋은 문체에 실어서 사실적으로 살려 나가고 있어서 더 감동적이다. 이런 원천적 향수의 정과 함께 더욱 작품 가치를 높이는 것은 남다른 소중한 이야기를 담고 있기 때문이다. 부모님에 대한 뜨거운 사랑이 있고 자식들을 위한 깊은 희생의 이야기들이 있으며 이것은 매우 소중한 가르침을 주는 이야기들이다.

<앉은뱅이책상>에는 모천 회귀적인 과거의 향수가 있고 한편으로 아버지의 희생적인 사랑이 있다. 그리고 소설적인 이야기의 재미까지 더해서 세 가지의 요소가 수필의 매력을 만들어 주고 있다. 이 책상은 비가 많이 오고 물이 불었을 때 강물에 떠내려가는 편목을 건져서 만든 아버지의 작품이다. 사나운 탁류에 떠내려가는 나무 조각을 건져내는 모습에 대한 자세한 설명은 없지만, 매우 위험한 극적인 장면을 연상시킨다. 다음에 이를 지게에 짊어지고 왕복 60리 길을 걸어가는 모습도 그렇다. 얼마나 힘들었을까. 그러나 재미도 있는 장면이다.

이것을 만들 때 작자는 아직 너무 어린 나이였던 것 같다. 그런데 아버지는 어린 것들이 자라서 학교에 들어가고 그들이 그 책상 앞에 앉아서 공부하게 될 모습을 보겠다는 일념으로 그 고생을 했다. 뜨거운 부정이 눈물을 자아내는 장면이다. 그

랬지만 아버지는 딸들이 공부하는 모습을 보지 못하고 일찍이 가버렸다는 이야기가 더 안타깝다. 아버지가 힘들게 만든 앉은뱅이책상의 가치는 고급가구점의 어떤 책상과도 바꿀 수 없는 가치를 지닌다.

하지만 아버지는 책상 앞에서 딸들이 공부하는 모습을 한 번도 보지 못했다.
엄마의 머리에 하얗게 내려앉은 세월의 무게만큼, 앉은뱅이책상에도 사십 년간의 보이지 않는 더께가 눌어붙었다. 세 딸이 받아 온 통지표가 수십 번 그 서랍을 들고 났다. 볼펜 대에 끼운 몽당연필이 다 닳아야 구경할 수 있었던 문화연필을 넣어두는 자리도 그 서랍 속이었다.

40년간이나 지니고 살아간 책상이니 참으로 많은 세월이 흘렀다. 그동안에 어머니의 머리에 하얀 서리가 내려앉았으니 참으로 끈질기게 그것을 껴안고 산 사람들이다. 여기서 작자네는 아주 특별한 사람임을 알게 된다. 강물에 떠내려가는 널빤지를 주워서 만든 책상을 그처럼 오래 간직하는 사람은 매우 드물 것이기 때문이다. 그래서 이것은 <해우소 앞에 핀 꽃>에서처럼 서로 양극에 있는 삶의 형태를 나타낸다. 한쪽은 백화점이나 TV 광고에서 새 물건만 눈에 띄면 먼저 있던 것은 아낌없이 내다 버리는 사람들이고 다른 한쪽은 이렇게 40년을 넘기는 집이다. 이것은 가족과 마찬가지로 가구에서도 정을 느끼기 때문에 가족과 하나가 되어 있는 집과 그런 정을 느낄 줄 모르는 불감증 증후군 집단과의 대비다.

이것은 새것을 살 능력의 차이를 말하는 것이 아니라 감정이 메마른 사람과 아닌 사람과의 인종적 차이를 의미한다. 또 여기에는 아버지에 대한 사랑이 배어 있다. 그것이 어떻게 만들어진 것이냐에 대한 기억이 그렇다. 그것은 너무도 깊은 아버지의 사랑 표현이었기 때문이다. 가난 속에서 그렇게까지 자식을 사랑하다 일찍 가버린 아버지에 대한 사랑, 또는 남편에 대한 사랑이 그것을 40년 이상의 가족으로 묶어버린 것으로 읽힌다. 이것은 모두 정으로 살아온 사람들의 정의 고백이기 때문에 농도 짙은 서정문학이 된다.

그런데 그 정은 현대 도시인의 삶과 극단적 대비를 나타내고 있으므로 그 서정의 밑바닥에는 우리를 향한 예리한 비판이 깔린 서정인 셈이다. 부모님에 대한 사랑의 깊이를 의식하지 못하는 메마른 현대인 또는 사람이 아닌 주변 사물에 대한 정을 모르는 현대인, 그들의 삭막한 인간성 상실을 작자는 비판하고 있다고 볼 수 있다. 외형적인 건조한 문명에 함몰되고 상업주의에 놀아나는 속물주의를 꼬집고 있다.

<육철낫> <그 아저씨가 만든 꽃밭> <그설미> <모란장에서> <해우소 앞에 핀 꽃> 등이 모두 이런 과거의 공간 속에

서 만났던 사물에 대한 그리움의 이야기이면서 문명 비판적인 철학성을 은근히 지니고 있다.

<육철낫>은 대량생산되는 왜낫이 아니라 대장간에서 대장장이가 땀을 뻘뻘 흘리며 수차례 달구고 두드려서 만든 조선낫이다. 사라져 가고 있는 낫이지만 어머니가 이것에 대해서 지니는 집착은 보통이 아니다. 그만큼 성능도 좋은 탓이겠지만 작자는 구부러진 낫의 모양을 어머니의 구부러진 다리에 비유하고 있다. 여기에는 들에 나가서 억척스럽게 낫과 하나가 되어서 험한 일을 다 해내며 자식들을 키우던 어머니의 모습이 있다. 어머니는 한때 치료 시기를 놓쳐 구부러지기 시작한 다리를 근육의 힘만으로 버티며 딸들을 키웠다. 작자는 일곱 살 때 아버지가 저 세상으로 떠나신 후 어머니 홀로 그렇게 불편한 다리로 들판에서 육철낫을 쓰며 씩씩하게 일하시던 모습을 잊지 못하고 있는 것이다.

그런데 이럴수록 더 깊은 정을 버리지 못하는 것이 낫에 대한 어머니의 집착이며 사랑이다. 그리고 작자는 이것을 통해서 감정이 메말라 버린 현대인을 탓한다. 날이 갈수록 우리는 이런 사물에 대한 정을 모르고 단절해 버리고 모두 쓰레기로 쫓아내 버리고 있기 때문이다. <앉은뱅이책상>이 과거의 시간 속에서 만나게 되는 아버지의 이야기라면 <육철낫>은 어머니의 이야기이며 <그설미>는 작자 자신의 이야기다. 물론 다른 작품들 속에서도 자주 이들을 만나게 되지만 이 세 작품이 과거의 시간 속에서 부모와 자신을 만날 수 있는 대표작이 될 것이다.

　이 작품 중에서 책상과 낫은 생활 도구지만 그설미는 작자의 유년시절이 새겨져 있는 공간의 이름이다. 그리고 세 가지가 모두 힘들고 가난했던 시절의 이야기지만 어느 작품도 구질구질하고 짜증이 나는 가난의 색깔이 없다. 아버지는 쓰러진 모습이 나타나고 있지만, 지게를 진 모습이 건강하며, 어머니는 낫을 쥔 모습이 건강하고 구김살이 없다. 그리고 <그설미>에 나타나는 작자 자신도 그렇다. 그뿐만 아니라 매우 아름답다. 주인이 쫓아와 잡힐지도 모르는 산에 들어가서 나뭇단을 지고 하산하다가도 붉게 물든 저녁노을에 넋이 빠져 있는 모습이 참 아름답다. 힘들고 외롭고 무서울 터인데도 그처럼 소녀시인의 고운 모습으로 그려진 것은 실제 모습이기도 하겠지만 그래서 작품세계가 더욱 맑은 품위를 유지하고 있다.

　4. 언어예술의 아름다움

　김기화의 작품 무대가 모두 과거 시간 속에 있는 것은 아니다. 작자도 도시에서 살아가는 현대인이다. 작자는 <남자의 귀걸이>에서 귀를 뚫고 귀걸이를 하려 했던 아들 얘기도 펼쳐

나간다. 나무꾼 소녀와 귀걸이 소년은 너무 큰 세대 차를 나타낸다. 그런데 현대인들이 과거의 시간으로 돌아갈 때는 낯선 언어들과 만나야 한다. 과거의 시간 속에는 그 문화를 말하는 용어가 따로 있기 때문이다.

 작자는 이런 의미에서 우리가 잊어가고 있고 이미 많은 사람이 잃어버린 언어들을 자주 구사하고 있다. 그리고 그 용어들은 모국어인 셈이다. 모국어는 고국을 떠나간 사람들이 말하는 자기 나라말이지만 우리는 남의 나라 이민절차를 밟은 사람이 아니라도 정신적으로 고국을 떠난 이민자가 되어가고 있다. 이 나라에 살면서 그 지경이니 중국과 중동과 필리핀 등에서 온 다문화 가족과 다르지 않다. 이렇게 자기가 성장하던 시절의 옛 언어를 잊고 또 국가정책마저 그렇게 충동질해서 우리는 다수가 이민자이고 이방인이 되어버렸다.

 그런데 작자는 현대 도시인들이 흔히 잊고 잃어버리고 있는 그런 언어들을 풍부하게 사용하고 있다. 그럼으로써 과거의 시간 속에 나타나는 이야기들은 그 언어를 통해서 더 농밀하게 향수의 정을 읊어낸다. 이것은 원초적인 과거의 세계이며 이것이 독자의 노스탤지어를 환기시키는 강한 매력을 지닌다. <그 설미>에는 몇 개 단어에 주석을 달고 있다. 친좁게 — 사이가 매우 가까운, 숲정이 — 마을 부근의 숲, 논틀길 — 논두렁 위로 꼬불꼬불하게 난 좁은 길, 솔가리 — 솔잎, 매조지다 — 끝을 단단히 하여 마무리하다, 눈씨 — 쏘아보는 시선의 힘 등 14개 단어의 주석이 작품 끝에 붙어 있다.

이런 단어들은 대개 표준어지만 현대 도시인들은 거의 잊어버리거나 애초부터 써 보지 못한 단어들이다. 그렇지만 김기화의 문학은 이런 단어들이 구사됨으로써 사물의 현장감이 나타나고 사실적 표현 기능을 얻게 된다.

김기화의 문학은 이렇게 우리의 풍부한 언어를 매우 적절하게 구사하며 언어예술의 격조를 높이고 있다. 그의 작품이 말하는 대표적인 주제는 오늘의 우리가 잃어버리고 있는 인간적 정서의 회복이다. 바꿔 말하면 메말라버린 도시문명 속에서 새 우물을 파고 나무를 심고 사람답게 살자는 것이다. 그런 의미에서 삭막한 현대문명을 비판하는 인간주의적 서정문학을 그려나가고 있다. 과거 속에서 소재를 찾는 이유도 그런 과거로 무조건 돌아가자는 맹목적 복고주의가 아니라 거기서 사랑의 가치를 찾고 자연과의 공생의 이념을 찾으며, 또 그 가치를 현대 속에 접목해서 메말라가는 현대문명을 소생시키자는 소망의 표현이 되겠다. 작자는 이를 풍부한 우리 말 속에 담아나가며 흐뭇한 감동을 전하고 있다.

김기화 수필집

그 설미

2016년 6월 1일 초판 발행

지은이 김기화 | 펴낸이 김은영 | 펴낸곳 북 나비
출판신고 2007년 11월 19일 제380-2007-00056호
주소 05023 서울시 광진구 자양로23길 65(구의동, 1층)
전화 (02)903-7404, 팩스 02-6280-7442
booknavi@hanmail.net
www.booknavi.co.kr

© 김기화 2016
ISBN 978-89-993682-66-3 03810
값 14,000원

※ 잘못된 책은 바꿔 드립니다.

이 도서의 국립중앙도서관 출판예정도서목록(CIP)은
서지정보유통지원시스템 홈페이지(http://seoji.nl.go.kr)와
국가자료공동목록시스템(http://www.nl.go.kr/kolisnet)에서 이용하실 수 있습니다.
(CIP제어번호 : CIP2016012733)